BASTEI LÜBBE

Über die Autorin:
Diaryatou Bah wurde 1985 in Guinea geboren und wuchs ohne Schulbildung in der traditionellen muslimischen Gesellschaft in einem kleinen Dorf in der Savanne auf. Mit 14 wurde sie zwangsverheiratet und in die Niederlande geschickt, später folgte ein Umzug nach Frankreich, wo sie es schaffte, aus der Isolation, Gewalt und Tyrannei ihrer Ehe auszubrechen. Heute lebt sie in Paris. Sie hat Lesen und Schreiben gelernt und macht eine Ausbildung zur Kranken- und Altenpflegerin.

Diaryatou Bah

in Zusammenarbeit mit Sylvia Tabet

Ich kämpfte für ein neues Leben

Mit 14 zur Ehe gezwungen,
mit 18 entkam sie der Hölle …

Aus dem Französischen von
Gaby Wurster

BASTEI
LÜBBE

BASTEI LÜBBE TASCHENBUCH
Band 61628

1. Auflage: April 2008

Vollständige Taschenbuchausgabe

Bastei Lübbe Taschenbücher in der Verlagsgruppe Lübbe

Die Originalausgabe erschien 2006 unter dem Titel
»On m'a volé mon enfance« bei Anne Carrière, Paris
Für die deutschsprachige Ausgabe:

Für die Lizenzausgabe:

Titelbild: © HANNAH/Opale
Umschlaggestaltung: Marina Boda
Satz: Textverarbeitung Garbe, Köln
Druck und Verarbeitung: Ebner & Spiegel, Ulm
Printed in Germany
ISBN 978-3-404-61628-2

Sie finden uns im Internet unter
www.luebbe.de
Bitte beachten Sie auch: www.lesejury.de

Der Preis dieses Bandes versteht sich einschließlich
der gesetzlichen Mehrwertsteuer.

Für Großmutter.
Und für all die Menschen, die das kennen,
was ich durchmachen musste …

VORWORT

Oktober 2003. Les Lilas im Département Seine-Saint-Denis, vor den Toren von Paris.
Ich friere in diesem schäbigen Zimmer von fünfzehn Quadratmetern. Mein Mann ist nach Afrika gegangen und hat mir hundert Euro dagelassen. Damit ich während seiner zweimonatigen Abwesenheit versorgt sei, hat er gesagt. Davon kaufe ich Milch und Brot, das ich eintunke und esse. Ich wasche mich nicht mehr. Wozu sollte ich? Ich sehe auch keinen Sinn mehr darin, mich anzuziehen, außerdem habe ich sowieso keine Kleider. Was ich auf dem Leib trage, ist praktisch das Einzige, was ich besitze. Mein Herz schlägt, aber ich bin nicht mehr in meinem Körper. Selbst die Blutergüsse haben aufgehört zu schmerzen. Ich spüre gar nichts mehr.

Tagelang sitze ich da und starre ins Leere oder in den Fernseher. Niemand. Nichts. Nur der Fernseher läuft.

Auf einmal höre ich eine Frauenstimme, die mein Leben erzählt. Mit fünfzehn von den Eltern verheiratet. Umzug von Afrika nach Frankreich. Ein Mann, der sie vergewaltigt und schlägt. Sie schildert diese Gewalt und die Angst vor jedem Tag, jeder Nacht. Sie spricht von diesem Mann, der ihr das Leben zur Hölle gemacht hat; sie traute sich nicht, mit jemandem darüber zu reden. Weinend höre ich zu. Und dann sagt diese Frau Sachen, die ich nicht für möglich gehalten hätte: Sie erzählt, wie es ihr gelang, aus diesem Leben, das keines war, auszubrechen.

Etwas erwacht in mir wieder zum Leben; ich bin nicht mehr die Gleiche.

Die Frau beendet ihren Bericht, und ich weiß: Ich muss gehen. Auch ich muss diesen Mut finden. Ich bin nicht allein.

Die Frau im Fernsehen hat von Leuten gesprochen, die ihr geholfen und sie beschützt haben. Deren Name beginnt mit S und sie arbeiten im Rathaus. Mehr habe ich nicht behalten. Morgen gehe ich hin.

1. KAPITEL

Draußen vor unserer Hütte höre ich die Tiere. Es wird hell, die Hähne fangen an zu krähen. Großmutter weckt mich wie jeden Morgen. Sie ist schon lange wach. Sie hat ein Kopftuch umgebunden, damit man ihre Zöpfe nicht sieht, die wie immer zerzaust sind. Sie hat viel zu tun und findet keine Zeit, sich darum zu kümmern. Das stört mich nicht. Ich finde sie schön, ihre groß gewachsene Gestalt und ihre tiefschwarze Haut, die im Kontrast zu den bunten Kleidern steht.

Manchmal nenne ich sie »Mutter«. Ich bin gern bei ihr und nicht in der großen Stadt Conakry, wo ich vor acht Jahren geboren wurde. Großmutter bringt mir einfache Dinge bei, zum Beispiel dass man höflich sein und mit beiden Beinen auf dem Boden bleiben solle, dass man andere Menschen lieben und verstehen solle. Sie lehrt mich, das Leben von der guten Seite zu sehen, und zeigt mir noch viele andere wertvolle Dinge. Meine Großmutter ist mein Ein und Alles.

Nach dem Beten wasche ich mir das Gesicht, putze mir mit einem feuchten Holzstab die Zähne und gehe hinaus zu Großmutter. Sie kocht Reis in einem Topf und heißen Tee. Wir essen hastig, denn wir müssen uns beeilen, die Nachbarn auf dem Feld zu treffen, um die kleine Hütte wieder aufzubauen, in der wir manchmal schlafen. Es gibt immer viel zu tun, und wir sind allein, doch bei schweren Arbeiten helfen uns die Nachbarn.

Großmutter wurde von meinem Großvater verstoßen. Eines Tages hat er einfach zu ihr gesagt, sie soll gehen. Das hat er schon bei acht Frauen gemacht. Er ist Koranlehrer. Acht Frauen hat er ohne triftigen Grund zu ihren Familien zurückgeschickt. Sie hatten nichts Böses getan, er hatte einfach genug von ihnen.

Meine Großmutter ist in ihr Heimatdorf Sakilé zurückgekehrt. Sie hatte das Glück, einen zweiten Mann zu finden – auch wenn er nicht viel besser war als der erste. Als ich anderthalb Jahre alt war, brachte meine Mutter mich zu ihr, weil sie kaum mit ihrem eigenen Leben zurechtkam. Sie war von ihrem Vater mit einem seiner Schüler verheiratet worden – als Anerkennung, dass er so gut gelernt hatte. Mit dreizehn Jahren wurde meine Mutter also Viertfrau in einem großen Haushalt mit fünfzehn Kindern. Sie war es nicht gewöhnt, in der Gemeinschaft zu leben, die Sitten in der Hauptstadt waren ihr fremd. Es war sehr schwer für sie. Und so dachte sie, auf dem Land, wo das Leben einfacher ist, sei ich besser aufgehoben.

Ich erinnere mich nicht an die Stadt, sie fehlt mir auch nicht. Sakilé ist mein Zuhause. Ich bin froh, dass ich hier bei Großmutter leben kann, sie hat nur mich und liebt mich wie eine Tochter. In Sakilé kennt jeder jeden. Wir arbeiten, lachen, spielen zusammen, und wenn etwas Trauriges passiert, weinen wir zusammen.

Die Felder sind anderthalb Stunden Fußweg vom Dorf entfernt. Als ich klein war, trug Großmutter mich in einem Tuch auf dem Rücken, doch ich gehe nun schon seit langem neben ihr. Wir laufen barfuß, weil wir keine Zeit hatten, unsere Schuhe zu flicken, die von den Kieselsteinen aufgerissen sind. Ich habe Angst, denn in der Savanne gibt es Schlangen und andere gefährliche Tiere. Großmutter beruhigt mich, aber ich bleibe wachsam und blicke auf den Weg. Es ist noch dämmrig, ich nehme die Gerüche wahr, die von der Erde aufsteigen. Gestern hat es geregnet, alles sieht frisch aus; als würde nun auch die Natur erwachen. Der Pfad ist schmal und von Büschen gesäumt. Die Blätter sind noch feucht, und wir sind bald nass. Als wir auf dem Feld ankommen, geht endlich die Sonne auf; ich sehe grüne Natur, so weit das Auge reicht.

Zu zweit geht die Arbeit schneller von der Hand, und vor dem Abend finden wir sogar noch ein wenig Zeit, uns um die Tomatenstauden zu kümmern und bei den Reisschösslingen Unkraut zu jäten. Auf den Reis muss man immer ein Auge haben – entweder sprießt das Unkraut oder die Vögel picken ihn weg. Bei uns gibt es jeden Tag Reis. Würden wir keinen Reis anpflanzen, hätten wir nichts zu essen. Wir kochen dazu Soßen aus Paprika, Zwiebeln, Tomaten, anderem Gemüse oder Gewürzen. Nur die Soßen wechseln ab, der Reis ist immer der gleiche. Zu festlichen Anlässen gibt es Fleisch; aber das ist selten.

In Sakilé bricht die Nacht schnell herein. Wenn wir mit unseren Schüsseln voller Gemüse und Reis zurückkommen, ist es dunkel im Dorf. Vor den einzelnen Hütten brennen kleine Feuer, sie glitzern wie Sterne auf der Erde. Die Leute bereiten dort schon ihr Essen zu. Wir grüßen die Nachbarn und fangen auch an zu kochen.

Dann gehen die Feuer nacheinander aus, und Sakilé ist in Dunkelheit getaucht. Wir sind müde, aber es war ein guter Tag. Morgen gibt es andere Dinge zu tun. Vielleicht putzen und schlagen wir den ganzen Tag Reis in der großen Schale, oder wir sammeln Brennholz in der Savanne, vielleicht gehen wir auch zum Flussarm. Das mache ich am liebsten. Dort waschen wir Wäsche, wir reiben sie auf den Steinen im Wasser.

Ich kann das noch nicht, und so spiele ich eben mit den anderen Mädchen. Wir plantschen, werfen Steine ins Wasser und singen Lieder aus dem Dorf. An solchen Tagen lachen wir viel. Der Rückweg ist beschwerlicher, denn wir müssen das Trinkwasser und die saubere Wäsche tragen.

Am Abend betet Großmutter. Sie betet für mich, für ihre Kinder, die Felder. Wenn wir uns auf die Matten legen, schlafen wir sofort ein.

2. KAPITEL

Wir brauchen Salz, das wir in der Stadt kaufen müssen. Es ist ein unverzichtbarer Nährstoff. Wir würzen damit das Essen, machen es haltbar, pökeln Fleisch oder Fisch. Großmutter will nach Sangaredi gehen, es ist der nächste größere Ort, und wir haben dort Verwandte. Es gibt auch einen großen Markt. Wenn Großmutter gute Produkte zu verkaufen hat, versucht sie dort immer ihr Glück, um dann seltene und wertvolle Dinge für uns zu besorgen – Kleider, Konserven, Öl, Seife und vor allem Salz.

Sie kann mich natürlich nicht mitnehmen. Zwei Tage Fußmarsch, das ist zu viel für ein kleines Mädchen wie mich. Tante Mariam wird auf mich aufpassen. Ich will aber nicht, dass sie kommt, ich habe Angst vor ihr, aber Großmutter gibt nicht nach. »Ich bringe dir auch Joghurt mit«, verspricht sie mir dafür.

Die Sachen, die Großmutter mitnimmt, bereitet sie immer sehr sorgfältig vor. Sie putzt die Früchte und legt sie auf den Reis, den sie gut verpackt in eine große Schüssel gibt. Dann wickelt sie sich ein Tuch um den Kopf und stellt die Schüssel auf ihren Turban. Ich sehe ihr schweigend zu.

Mariam mag generell keine Kinder – es hat nichts mit mir persönlich zu tun. Sie findet es unmöglich, dass ihre Mutter mich behandelt wie ihre eigene Tochter. Mariam schreit mich an und schlägt mich. Mit einem Seil fesselt sie mir die Hände, damit ich mich nicht mehr bewegen kann, dann schlägt sie mich wieder. Und dabei brüllt sie immer, dass ihre Mutter nicht meine Mutter sei. Sogar der Nachbar findet, dass Mariam übertreibt.

»Jetzt lass doch das Mädchen in Ruhe! Wenn du so weitermachst, wird deine Mutter böse. Sie kommt bald zurück – du solltest besser das Haus putzen.«

Mariam holt Wasser und Kuhfladen, um den Boden zu wischen. Man mischt alles in einem Eimer; dann gibt man Holzspäne hinein und schrubbt mit den Händen. Anschließend öffnet man das kleine Fenster und lässt alles trocknen.

Am letzten Tag vergreift sich meine Tante an meinen Haaren – unter dem Vorwand, mir eine Frisur machen zu wollen. Sie zieht grob an meinen Zöpfen, dabei beschimpft und bedroht sie mich ständig. Ich bin in Tränen aufgelöst – da klopft es an der Tür: Großmutter ist aus Sangaredi zurück. Offensichtlich trägt sie in dem Tuch auf ihrem Kopf sehr schwere Sachen. Als sie alles abgeladen hat, fragt sie mich:

»Warum weinst du? Was hast du gemacht? Ich wusste, ich hätte dich nicht mit ihr allein lassen sollen!«

Ich habe Angst, sie könnte denken, dass ich mich in ihrer Abwesenheit schlecht benommen hätte, und erzähle ihr alles.

Unwirsch dreht sie sich zu Mariam um und herrscht sie an: »Schämst du dich nicht? Du kannst schlagen, wen du willst, aber nicht die Kleine, sie ist ja noch ein Kind!«

Die Tante verkrümelt sich murrend. Ich glaube, Großmutter fängt jetzt gleich an zu weinen. Sie ist am Ende ihrer Kräfte. Sie nimmt mich in den Arm und fängt an, meine Zöpfe zu lösen; es tut so weh, dass ich aufschreie. Mein Gesicht brennt wie Feuer, und meine Kopfhaut fühlt sich so an, als wolle sie gleich reißen.

»Das ist nicht schlimm«, sagt Großmutter, »keine Sorge. Jetzt bin ich ja wieder da, wir werden zusammenbleiben, ich lasse dich nicht mehr mit ihr allein.« Sie nimmt eine Wasserflasche und wäscht mir zärtlich das Gesicht, dann löst sie weiter meine Zöpfe.

Am Tag nach ihrer Rückkehr aus Sangaredi packt Großmutter die Einkäufe aus: Kuchen, das so nötige Salz, Tomaten in Einweckgläsern und alle möglichen anderen Lebensmittel, die wir in Sakilé nicht bekommen; davon können wir uns mehrere Monate ernähren. Sie wäscht mich und putzt mir die Zähne mit einem Holzstab. Sie betet und wäscht sich gründlich, dann schläft sie wieder ein, so erschöpft ist sie von der langen Reise. Sie sieht zufrieden aus. Sie weiß, dass sie ein gutes Geschäft gemacht und für ein reichhaltiges, gutes Essen für diesen Abend gesorgt hat. Nun müssen wir uns nur noch ein schönes Rezept für eine Soße zum Reis ausdenken. Ich lasse Großmutter schlafen.

Meine Freundin Nébayé wohnt gleich in der Nähe. Sie ist so alt wie ich, wir machen alles zusammen. Sie ist für mich wie eine Schwester. Um mit den Nachbarn zu reden, genügt es normalerweise schon, ein wenig die Stimme zu heben, doch heute gehe ich auf Zehenspitzen hinaus, um Großmutter nicht zu wecken. Nébayé und ich gehen zu »unserem Platz« am Ende des Dorfes, wo die Savanne beginnt. Dort spielen wir mit kleinen Tierknöchelchen, die wir hochwerfen und auffangen, manchmal spielen wir auch mit anderen Kindern Fangen und Verstecken oder klettern auf Bäume und beobachten die Leute, die kommen und gehen.

Als ich zurückkomme, ist Großmutter wach; sie hält einen Brief in der Hand. »Nachrichten von deinen Eltern«, sagt sie. »Es geht allen gut. Deine Mutter kommt dich besuchen, sobald sie kann. Unterdessen schickt sie dir Sachen.«

Ich weiß nicht, warum meine Mutter mich besuchen will. Sie kommt so selten, dass ich fast schon vergessen habe, wie sie aussieht.

Die Sachen kommen tatsächlich ein paar Tage später. Der Inhalt der großen Tasche macht mich eher neugierig als glücklich darüber, Geschenke von meiner Mutter zu bekommen. Schuhe, Kleider. Dennoch freue ich mich, auch wenn man einigen Kleidungsstücken ansieht, dass sie schon von den anderen Kindern meiner Mutter getragen wurden. Das stört mich ein bisschen, weil ich weiß, dass mein Vater ein reicher, mächtiger Mann ist. Großmutter sagt, ich soll nehmen, was mir gefällt, den Rest schenken wir den Nachbarn. Man gibt grundsätzlich etwas an die Ärmeren ab.

Mariam, die noch immer bei uns ist, schleicht um mich herum; sie zwingt mich, ihr jedes neue Kleid zu geben, das ich auspacke. Dieses Mal schnappt sie sich auch die Hautcremes und die Haarspülungen, und mir bleiben nur ein paar abgetragene Kleider. Ich kann Tante Mariam nicht ausstehen, immer verdirbt sie mir alles. Selbst Großmutter kann nichts gegen sie ausrichten.

3. KAPITEL

Eines Tages, als wir vom Fluss zurückkommen, ist das Haus voller Gepäck.

»So eine Überraschung! Sieh nur, all diese Sachen!«, sagt Großmutter. »Wem die wohl gehören?«

Wenn man in Afrika auf Reisen geht, hat man immer viele verschnürte Pakete und Taschen in jeder Größe und in allen Farben dabei. Kommt jemand zu Besuch, wird erst einmal das Gepäck inspiziert, um zu sehen, ob es sich um eine einflussreiche Person handelt. Normalerweise kommt bei den Nachbarn Gepäck an – bei uns nie. Und plötzlich entdecke ich in diesem ganzen Durcheinander meine Mutter. Da sitzt sie mit einem Säugling auf dem Arm und wartet auf uns.

Sie wendet sich gleich an mich – ich habe das Gefühl, sie bemüht sich, natürlich zu wirken: »Diaryatou! Diaryatou! Geht's dir gut?«

»Ja.«

Ich habe keine Lust, mit ihr zu reden, aber sie lässt nicht locker, sie fragt, ob ich vom Fluss käme.

Ich antworte: »Ja, mit meiner Mutter!«

Ich weiß wohl, dass die Frau, mit der ich spreche, meine richtige Mutter ist, doch in meinen Augen hat Großmutter für mich all das gemacht, was eine Mutter für ihre Tochter tun sollte, und macht es noch immer. Und nachdem Großmutter von ihrer eigenen Tochter immer »Schwester« genannt wird, bin ich die Einzige, die »Mutter« zu ihr sagt. Ich weiß, dass ihr das gefällt.

Meine Mutter hat mir Kleider mitgebracht. Sie weiß, dass wir hier in Sakilé nichts besorgen können. Ich kann es gar nicht erwarten, die Sachen zu sehen. Sie fragt mich, wo die Cremes seien, die sie mir geschickt hat. Ich gebe ihr keine Antwort; Großmutter erklärt ihr, dass Tante Mariam alles genommen hat.

Meine Mutter regt sich auf: »Was ich meiner Tochter gebe, ist nicht für ihre Tante bestimmt! Mariam darf nichts nehmen, was meiner Tochter gehört!«

Ich bin verlegen und schwer beeindruckt, als ich das höre. Jetzt, wo meine Mutter hier ist, wird es Tante Mariam wohl kaum wagen, mir etwas wegzunehmen.

Meine Mutter erzählt von ihrem Leben mit meinem Vater und den drei anderen Frauen. Ich habe den Eindruck, sie ist vor allem gekommen, um zu reden. Für mich hört sich das alles ganz schrecklich und absurd an, und ich verstehe nicht richtig, was Großmutter meint, als sie meine Mutter beruhigen will.

Meine Mutter sagt, dass sie noch weitere Kinder bekommen hat. Immer wenn sie mich in Sakilé besuchen kam, war sie entweder schwanger oder sie trug einen Säugling auf dem Rücken. Sie erzählt, wie schwer sie es mit den anderen Frauen meines Vaters hat, sie lassen sie spüren, dass sie die Jüngste und Letzte ist. Großmutter rät ihr, es gelassen zu nehmen, und versichert ihr, dass sich alles einrenken und sie es schaffen wird, mit ihren Kindern zu leben, ohne dass die anderen sie allzu sehr belästigen.

Dann merkt sie plötzlich, dass ich da bin, und jagt mich aus dem Haus: »Geh mit deinen Freundinnen spielen, na, wird's bald!«

Als ich ein wenig später wiederkomme, unterhalten sie sich immer noch. Ich höre Großmutter sagen:

»Du weißt, dass du Glück hast. Du bist mit einem vermögenden Mann verheiratet, er hat Geld und sorgt gut für dich. Versuche, zur Ruhe zu kommen und in Eintracht mit ihm zu leben.«

Ich bin zwar noch ein kleines Mädchen, aber ich finde es ungerecht, dass meine Mutter so leben muss. Doch leider ist es so.

Als sie mit dem Säugling auf dem Rücken wieder aufbricht, sagt Großmutter zu mir: »Deine Mutter hat dich besucht und dir Geschenke gebracht, schöne Sachen. Sie ist sehr lieb, sie mag uns sehr. Gott segne sie! Sie wird alles bekommen, was sie sich wünscht, denn sie tut alles dafür.«

Nach diesem Besuch ändert sich unser Leben insofern, als wir nun dank der Lampe, die meine Mutter aus Conakry mitgebracht hat, Licht machen können. Und so fürchte ich mich abends weniger; zumindest habe ich ein kleines Licht, wenn die Nacht hereinbricht.

4. KAPITEL

In der Regenzeit gehen wir zu Mariam und helfen auf dem Hof. Sie und ihre Familie haben Vieh. Es gibt immer viel Arbeit, und sie werden nicht damit fertig.

Es ist ein Einschnitt in mein Leben mit Großmutter, denn wir wohnen zum ersten Mal mit anderen Menschen zusammen.

Bei unserer Ankunft bauen die Männer gerade einen Kuhstall. Am Morgen lassen wir das Vieh auf die Weide, und gegen vier Uhr holen wir es wieder. Die Kälber werden gesondert behandelt; ich lerne, dass man sie zu ihren Müttern führen muss, damit sie trinken; davor aber muss man die Tiere wegbringen, die schon satt sind. Nach dem Melken gibt man die Milch in große Schüsseln und lässt sie drei Tage lang zu Joghurt gären. Wir machen auch andere Milchprodukte, zum Beispiel Rahm, den wir für Soßen nehmen. Ich gebe den Kühen Salz, das sie mir direkt aus der Hand schlecken. Ich habe immer ein wenig Angst, wenn ich die Hand ausstrecke, aber ich wurde noch nie gebissen. Wir mischen Wasser, Salz und Schlamm; das fressen sie gern. Ich mag Kühe, ich liebe sie. Wir beschäftigen uns von morgens bis abends mit ihnen. Diese Arbeit gefällt mir, ich kann die Tiere füttern, mit ihnen auf die Weide gehen, sie melken und mich um die Kälber kümmern.

Am Abend sitzen wir zusammen; alles wird gemeinsam gemacht. Hier ist es ganz anders als in Sakilé, wir wohnen in einem richtigen Haus und schlafen in richtigen Betten; das habe ich noch nie erlebt! Erst hatte ich Probleme, ich war es gewöhnt, neben Großmutter auf einer Matte zu schlafen; doch hier schläft jeder ruhig und bequem in seinem eigenen Bett.

Auf dem Bauernhof entdecke ich Dinge, die es in Sakilé nicht gibt, und ich erfahre, dass Sachen existieren, die nicht einmal Mariams Familie besitzt. Ich höre zum ersten Mal vom Fernsehen. Ich begreife nicht, wie das funktioniert. Mariams Mann führt es mir vor, er tut so, als sei er hinter dem Bildschirm, gestikuliert und imitiert den Sprecher. »So spricht man im Fernsehen«, sagt er zu mir. Ich versuche es mir vorzustellen. Ich kann es gar nicht erwarten, meinen Freundinnen in Sakilé davon zu erzählen!

Hier wird viel gelacht. Ich spiele mit den anderen Mädchen, wir singen und klatschen in die Hände. Es geht mir gut, obwohl Tante Mariam keine Gelegenheit auslässt, mir gegenüber unauffällig eine ihrer typischen gehässigen Bemerkungen zu machen. Doch ich gebe mir Mühe, es zu ertragen, weil sie schwanger ist und bald ein Kind bekommt.

Eines Tages, als wir auf dem Feld sind, kommt Mariam an einem Platz nieder, der den Frauen vorbehalten ist. Ihr Baby ist süß. Es ist ein Junge, er bekommt den Namen Boubaka. Er ist wirklich winzig.

Nach einer Woche stirbt Boubaka, niemand weiß, wieso. Alle sind da, doch keiner kann etwas tun. Die Frauen weinen und klagen zu Hause, die Männer gehen zusammen in die Moschee und beten. Sie beerdigen Boubaka auch.

Die Tante weint immerzu und sagt: »Mein Kind, mein Kind!«

Großmutter tröstet sie: »Das ist doch nicht so schlimm, du wirst ein anderes Kind bekommen, du bist noch jung …«

Mariams Mann behandelt sie nicht gut, und so nimmt Großmutter sie für eine Weile mit nach Sakilé, damit sie sich erholen kann. Mariam liegt tagelang im Bett. Man hört nichts von ihr, nur wenn sie leise schluchzt. Sie schreit nicht mehr, sie nervt mich nicht mehr, sie schlägt mich nicht mehr. Sie will nur ihr Baby wiederhaben. Sie liegt auf ihrer Matratze und will von niemandem etwas wissen. Großmutter bringt ihr alles, was sie braucht, und wir gehen wie immer aufs Feld, sammeln Brennholz, holen Wasser, waschen Wäsche und schrubben den Boden der Hütte mit getrockneten Kuhfladen.

Bevor das alles passiert ist, wollten wir meine Eltern in Conakry besuchen, doch das ist nicht möglich, weil es meiner Tante so schlecht geht. Großmutter verschiebt die Reise aufs nächste Jahr.

»So Gott will«, sagt sie.

Wollte Gott, dass Mariam ihr Kind verliert? Ich frage mich, ob Gott sie für all das bestraft hat, was sie mir angetan hat.

5. KAPITEL

Ich sitze mit Großmutter auf dem Boden, wir schlagen Reis. Ich denke an den gestrigen Tag – es war ein guter Tag, wir haben nicht gearbeitet, ich durfte mit meinen Freundinnen Verstecken spielen.

Plötzlich kommt eine Frau herein, die ich noch nie gesehen habe. Sie sieht aus wie eine Hexe, aber Großmutter wirkt keineswegs überrascht oder erschrocken. Ich hingegen bekomme es mit der Angst zu tun, kaum sehe ich diese Frau und ihre Messer. Ich habe ein ganz komisches Gefühl im Bauch.

Die Frau grüßt, sie spricht laut und mit kräftiger Stimme, sie redet über den Preis des Reises und weist darauf hin, dass wir Geflügel hätten. Auch in Bezug auf mich nennt sie eine Summe. Ich begreife überhaupt nichts – nur dass sie versucht, den Preis für eine Leistung in die Höhe zu treiben.

Großmutter geht mit der Frau weg. Ich schlage weiter Reis.

Kurz darauf kommen die beiden zurück, und Großmutter sagt zu mir: »Kommst du? Wir begleiten diese Frau zurück in ihr Dorf.«

An ihrem seltsamen Tonfall merke ich, dass mir nichts anderes übrig bleibt. Also gehe ich mit.

Wir gehen Richtung Savanne, wir sprechen kaum. Je weiter wir laufen, desto dichter und wilder wird der Busch. Die beiden bleiben stehen. Um uns herum sind so viele Bäume, dass ich nicht einmal mehr den Himmel sehe. Vom Dorf der Frau sind wir sicherlich noch weit entfernt.

Da sieht mich die Fremde an und sagt: »Wir müssen dich beschneiden.«

Ich kenne diesen Begriff nicht, und Großmutter erklärt:

»Du musst beschnitten werden, alle Mädchen müssen das. Deine Mutter fragt immer, warum du noch nicht beschnitten bist, also müssen wir es jetzt tun. Das ist Pflicht.«

Ihre Stimme klingt fest entschlossen. So hat sie noch nie mit mir geredet.

Ich weiß nicht, was es bedeutet, »beschnitten« zu werden, doch ich weiß, dass es nun passieren wird. Ich rühre mich nicht. Die Frau legt ihre Messer auf den Boden, dann ziehen die beiden mir mein rotes Hüfttuch aus. Großmutter wendet den Blick ab, bleibt aber bei mir. Ich lasse es mit mir machen, ich wehre mich nicht. Die Frau sagt, ich solle mich auf den Boden legen, und bedeckt mein Gesicht mit grünen Blättern. In diesem Moment geht Großmutter weg. Ich habe keine Kraft mehr aufzustehen, ich sehe nichts mehr, alles verschwimmt mir vor den Augen. Ich habe Angst. Ohne ein Wort zu sagen, beugt sich die Frau über mich. Mit einer Hand drückt sie auf meinen Bauch, in der anderen Hand hält sie, das weiß ich, ein schwarzes Messer. Ich spüre, wie die Klinge in mich hineinschneidet. Ich schreie. Ich spüre, wie das Blut läuft. Es brennt ganz fürchterlich. Ich bleibe einfach auf dem Boden liegen und weine. Ich begreife nichts.

Ich frage mich, was diese Frau bei mir abgeschnitten hat und warum. Ich weiß es nicht, ich weiß gar nichts. Großmutter kommt zurück und bindet mir mein rotes Tuch wieder um.

Sie sagt: »Jetzt bist du ein großes Mädchen.«

Doch ich habe das Gefühl, dass diese Frau mir etwas gestohlen hat. Und das brennt wie Feuer.

Großmutter stützt mich auf dem Rückweg. Zu Hause erwarten uns die Frauen des Dorfs, sie beglückwünschen mich.

Großmutter sieht mich an und sagt: »Siehst du? Alle freuen sich, weil du nun ein großes Mädchen bist. Heute wurdest du beschnitten. Auch deine Mutter wird sich freuen.«

Ich habe noch immer Schmerzen und sage nichts, aber Großmutters Worte beruhigen mich ein wenig.

Ich lege mich hin und stehe ganze drei Wochen lang nicht mehr auf. Drei Wochen bewege ich mich nicht, spreche nicht, spiele nicht. Das ist hart. Mehrmals am Tag muss ich mich mit warmem Wasser waschen. Großmutter hilft mir, doch sie muss sich auch um alles andere kümmern, um die Felder und die Tiere.

Als ich mich dann wieder kräftig genug fühle und aufstehen kann, richten die Frauen des Dorfs ein Fest zu meinen Ehren aus. An diesem Abend gibt es ausnahmsweise Fleisch zu Reis und Soße; seit einem Jahr habe ich kein Fleisch mehr gegessen. Nach dem Essen beginnt das Fest. Um das Feuer sitzen nur Frauen, Männer dürfen bei dieser Feier nicht dabei sein. Wir singen und klatschen dazu den Takt.

Großmutter schreibt meiner Mutter und verkündet ihr, dass alles gut gegangen sei: Ich bin beschnitten, meine Mutter kann sich also freuen.

6. KAPITEL

Draußen ist ein Geräusch zu hören – als würde die Erde zittern. Alle eilen aus ihren Hütten. Ein Auto kommt. Jeder fragt: »Wer ist das? Wer kommt da?«

In dem dicken Auto sitzt ein Mann. Er ist gut gekleidet, er trägt einen bestickten *bazin* und einen weiten Kaftan-Mantel. Großmutter sagt, es sei mein Vater, er wolle uns abholen und nach Conakry bringen. Ich kann gar nicht glauben, dass er es ist. Er erkennt mich übrigens auch nicht wieder. Erst als er Großmutter sieht, kommt er auf uns zu.

Da stehe ich nun neben meinem Vater. Ich spüre alle Blicke auf mir. Er hat mir ganz neue Kleider mitgebracht. Dann gibt er mir einen nagelneuen 500-Guinea-Francs-Schein. Ich zeige ihn allen Leuten auf der Straße: »Das hat mir mein Vater geschenkt! Das hat mir mein Vater geschenkt!«

Von nun an betrachten mich alle mit anderen Augen. Im Dorf bin ich jetzt die Tochter meines Vaters.

Die Frauen sagen: »Du hast Glück, dein Vater ist reich, er ist ein richtiger Herr, ein mächtiger Mann.«

Ich bin stolz.

Mein Vater will nicht in unserer Hütte schlafen, er braucht ein richtiges Bett, und wir haben nur Matten auf dem Boden. Großmutter bringt ihn zu den Nachbarn, sie haben ein Haus aus Beton, mit richtigen Zimmerdecken und einem Wellblechdach. Dann schlachtet sie ihm zu Ehren ein Huhn. Wir warten mit dem Essen, bis es dunkel ist, denn wir haben Ramadan.

Tags darauf sind wir schon auf dem Weg in die Hauptstadt – wie es vor einem Jahr geplant war, bevor Mariam ihr Kind verlor.

Der Wagen ist ein Jeep. Der Chauffeur fährt. Mein Vater hat einen Chauffeur! Wahnsinn! Die Einwohner von Sakilé sehen uns wegfahren und können es nicht fassen.

Auf der Fahrt gibt mir Großmutter Ratschläge: »Du musst stark sein. Deine Schwestern dort sind zänkisch und werden dich nicht verschonen. Du darfst die Leute nicht beleidigen – wer es auch sei, du musst alle achten. Und du darfst sie nicht beim Vornamen nennen.«

Mein Vater hingegen versucht, mir Mut zu machen. »Hab keine Angst, diese Leute tun dir nichts. Es sind deine Geschwister. «

Trotz seiner aufmunternden Worte habe ich Angst. Ich verstehe nicht, wieso ich in die Hauptstadt fahren und diese streitlustige Sippe besuchen muss. Es ist zwar meine Familie, aber dennoch rät man mir, mich in Acht zu nehmen. Und dann darf ich sie nicht mal mit dem Vornamen ansprechen, wie es in allen anderen Familien üblich ist! All das gefällt mir nicht besonders; doch ich habe keinen Schimmer, in was für ein Haifischbecken ich da gerate.

Als wir aus dem Jeep steigen, kommt meine Mutter aus dem Haus und sagt, ich müsse mich gleich waschen. Wir gehen in ein eigenartiges Zimmer mit einer Dusche. Eine Dusche! Aber was ist das für ein komischer Brunnen? Ich habe noch nie eine Toilette gesehen. Normalerweise gehe ich in die Büsche, und hier gibt es einen gekachelten Raum, der nur dazu dient! Damit ich es so machen kann wie die anderen, muss man mir erst zeigen, wie man sich auf die Toilette setzt. Das ist wirklich eine andere Welt.

Meine Mutter bringt mir Kleider. »Zieh dich um.« Dann holt sie eine Frau, die mir die Haare zu Zöpfen flicht, die am

Kopf anliegen. Eine Überraschung jagt die andere. Ich bin umgeben von Kindern meines Alters, sie rennen herum, sie streiten und fühlen sich in diesem großen Haus offensichtlich ganz daheim.

Ich bin verloren in diesem wilden Treiben. Alles ist neu für mich. Bei Tisch sind wir mehrere Dutzend Personen, und alle essen mit dem Löffel. Vier Frauen und etwa dreißig Kinder. All diese Leute sind meine Familie! Wir sind so zahlreich, dass die Frauen jeden Tag zwölf Kilo Reis kochen müssen. Zwölf Kilo! Dieses Übermaß an allem – Lärm, Essen, Mütter, Geschwister – ist erst einmal zu viel für mich.

Nach dem Essen setzen sich alle vor den Fernseher. Endlich sehe ich ein richtiges Fernsehgerät! Die Kinder machen Radau und geben ihre Kommentare ab. Ich bin still, ich will zuhören. Wenn ich den Faden verliere, schlafe ich ein. Sie lachen über mich, wecken mich und geben mir Klapse. »Schlaf, du Bauerntrampel, du hast hier nichts verloren, schlaf nur!«

Großmutter sagt, die Kinder würden mich piesacken, weil ich anders bin. Fast alle gehen auf eine Privatschule. Ich hingegen war noch nie in der Schule, weil es in Sakilé keine gibt.

Bevor die Kinder morgens gehen, drängen sie sich um meinen Vater, der beim Frühstück sitzt. Sie bitten ihn um Geld. Um nicht leer auszugehen, zerschneiden einige sogar heimlich ihre Schuhe und sagen: »Vater! Ich habe keine Schuhe mehr! Können Sie mir Geld geben, damit ich neue kaufen kann?« Und er verteilt Geld.

Ich kann das nicht, ich kann nicht zu ihm hingehen und ihn um etwas bitten. Die Kinder merken das und machen sich über mich lustig. »Du weißt nicht, wie man das anpackt. Du bist eben ein Landei! Dich hat deine Oma großgezogen, also bist du selbst auch eine Oma.«

Das tut mir weh. Meine Freunde in Sakilé haben mich nie so behandelt. Und dann wirft mir meine Mutter auch noch vor, dass ich mich nicht zu wehren weiß.

Ich finde es komisch, dass sie das sagt, denn sie wehrt sich ja auch nicht gegen die anderen Frauen meines Vaters. Sie ist die ruhigste von allen. Vermutlich weil sie die letzte und jüngste, aber auch die schwächste und zerbrechlichste ist. Ich finde, sie ist viel zu nett, sie lässt sich von den anderen gängeln. Wenn zum Beispiel eine Frau Essen kocht, befiehlt sie meiner Mutter, den ganzen Abwasch zu machen, und solange wühlt sie in ihren Sachen und klaut, was ihr gefällt. Und dagegen kann man nichts machen, gar nichts, niemand kommt meiner Mutter zu Hilfe. Ich glaube, gerade wegen ihrer Schwäche ist sie die unglücklichste von allen. Sie kann sich nicht durchsetzen. In ihrem kleinen Dorf mitten im Busch hat sie genauso wenig wie ich gelernt zu kämpfen.

Eines Tages erwische ich meinen älteren Bruder dabei, wie er meine Muter schlägt. Niemand tut etwas dagegen. Mir ist unbegreiflich, wie ein Kind meines Vaters meine Mutter misshandeln kann, zumal es mir auch niemand erklärt. Jedes Mal, wenn meine Mutter mit Großmutter darüber spricht, jagen sie mich weg. »Nein, du darfst nicht zuhören. Das geht dich nichts an.«

Einmal haben meine Mutter und ich meine Geschwister zum Schneider begleitet, weil sie Schuluniformen brauchten. Obwohl ich nicht zur Schule gehe, findet mein Vater, dass auch ich neue Kleider bekommen soll. Ich freue mich. Mein Vater ist kühl und kommandiert seine Frauen herum, doch er ist gerecht. Er nimmt Kinder von der Straße auf und behandelt sie wie seine eigenen. Er ist großzügig zu den Leuten, die ihn besuchen.

Großmutter sagt, er sei ein bedeutender Mann: »Dein Vater ist Stadtteilvertreter. Er bestimmt hier über alles.«

Auf der Straße höre ich oft: »Ist das nicht die Tochter von Bah Bailo?« Und dann: »Ja, die Tochter seiner letzten Frau, sie lebt im Dorf.«

Ich gehe weiter, aber ich muss schmunzeln, es gefällt mir, wenn die Leute über mich als die Tochter meines Vaters sprechen.

Wir bleiben zwei Monate in Conakry. Da es mir schwerfällt, mich an das große Haus und seine Bewohner zu gewöhnen, wird mir die Zeit lang, aber Großmutter ist krank geworden, und wir können erst heimreisen, wenn sie wieder gesund ist. Mein Vater schlägt vor, ich solle solange zur Schule gehen. Großmutter meint, das lohne nicht, wir würden ja bald wieder nach Sakilé zurückkehren. »Die Kleine wollte nur ihre Mutter besuchen«, schließt sie.

Die Rückfahrt machen wir nicht mit Jeep und Chauffeur. Es ist eine lange Reise, in der Hitze, in einem überfüllten Bus, inmitten von Fremden und einem Haufen Taschen, Koffern und Paketen. Wieder sind wir beide, Großmutter und ich, in der Menge verloren. Doch egal – wir sind froh, dass wir nach Hause fahren können.

7. KAPITEL

In Sakilé geht das Leben weiter. Wir hatten eine gute Ernte. Ausnahmsweise haben die Vögel den Reis nicht weggepickt, und das Gemüse ist gut gewachsen. Wir teilen mit den Menschen, die nicht so viel Glück hatten wie wir. An meine Geschwister, die in der Hauptstadt in die Schule gehen, denke ich nur selten. Wir haben sehr viel zu tun, und ich lerne viele nützliche Dinge, zum Beispiel Essen kochen, Brennholz sammeln, Wäsche waschen. Die Tage gleichen sich, doch jeder Tag birgt eine kleine Überraschung – ein Besucher bringt uns Neuigkeiten von einem anderen Ort, ein Fest muss vorbereitet werden, oder es gibt ganz einfach einen schönen Sonnenuntergang. Doch es drohen auch Gefahren. Einmal wäre ich fast in eine Schlucht gefallen. Großmutter konnte mich gerade noch zurückziehen. Sie hielt mich im Arm und sagte: »Hast du dir auch ja nichts getan? Du weißt, dass du für mich der Sinn des Lebens bist, du bist meine Hand und mein Herz, du bist mein Ein und Alles.«

So habe ich Großmutter noch nie reden gehört, doch ich empfinde das Gleiche für sie.

Von Zeit zu Zeit besucht uns mein Vater. Ich freue mich, wenn er kommt. Dann wasche ich mich gründlich und ziehe für ihn meine schönsten Kleider an. Er ist voll beladen mit Kleidern und Süßigkeiten, die ihm meine Mutter für mich mitgegeben hat. Ich bitte ihn nicht darum, aber er gibt mir auch immer Geld, einen brandneuen Schein, der so aussieht, als käme er direkt von der Bank. Wenn er meint, er sei nicht großzügig genug gewesen, gibt er mir manchmal noch einen Schein dazu. Auch Großmutter und die Leute aus dem Dorf bekommen Geld.

Er erzählt von meiner Mutter, sagt, dass auch sie mich besuchen wolle und dass er ihr die Erlaubnis gebe, wenn ich einverstanden sei. Dann geht er wieder. Er bleibt nie sehr lange, denn er muss auch in andere Dörfer, wo er weitere Verwandte hat.

Großmutter lässt mich immer mehr alleine machen. Ich spiele mit Nébayé und meinen anderen Freundinnen im Wald, manchmal gehe ich auch ohne Begleitung durch die Savanne. Ich habe immer noch Angst vor den Tieren – Schlangen, riesengroße Ratten, Insekten, manchmal auch Wildkatzen und Antilopen, die plötzlich aus dem Nichts auftauchen. Großmutter hat mir schon früh erklärt, was ich in so einem Fall tun muss: vor allem Ruhe bewahren, aber nicht ganz still sein. Man soll im Gegenteil leise reden, damit die Tiere uns hören und wissen, dass wir da sind. Und so spreche ich beim Gehen leise alles aus, was mir in den Sinn kommt. Dennoch habe ich immer noch Angst im Bauch, Todesangst. Das Unglück kann ganz unvermutet über einen kommen, und die Marabuts können einen nicht immer retten.

Wenn hier jemand stirbt – und das geschieht mindestens ein Mal im Monat –, sagt man oft, Gott habe es so gewollt, weil sich die Familie vielleicht etwas zu Schulden kommen ließ. Man trauert eine Woche um den Verstorbenen, dann nimmt das Leben wieder seinen Lauf. Um die Toten kümmern sich die Männer, sie nehmen alles in die Hand, auch die Beerdigung. Die Frauen halten sich abseits, sie dürfen nicht einmal an den Ort gehen, wo ihr Verwandter begraben wird. Sie können nur weinen. Um dem Verstorbenen Lebewohl zu sagen, schreien und tanzen sie, als seien sie verrückt. Wir Kinder dürfen uns ihnen nicht nähern, sie sehen aus wie Hexen. Bei uns gibt es auch richtige Hexen; vor denen fürchtet man sich.

Als meine Mutter und meine Tante während des Ramadan kommen, erzählt Großmutter ihnen eine merkwürdige Geschichte: Vor einigen Tagen hörte sie auf dem Feld eine Stimme, die dreimal ihren Namen rief, dann sagte diese Stimme: »Du wirst bald sterben.« Großmutter blickte sich um, doch da war niemand, und sie dachte, eine Hexe hätte ihr einen Streich gespielt. Doch gestern hat sie ihr Lieblingskopftuch verloren. Sie meint, dies hätte etwas mit der Stimme auf dem Feld zu tun, meine Mutter hingegen sagt, es sei einfach nur Zufall. Aber Großmutter ist nicht davon abzubringen und erzählt überall herum, dass sie bald sterben wird. Niemand glaubt ihr. Als sie ihre Gebetsschnur verlegt, wird sie ganz unruhig. Und dann setzen sich auch noch jeden Abend Vögel hinters Haus und schreien stundenlang. Großmutter fühlt sich von Tag zu Tag einsamer, weil ihr immer noch niemand glaubt. »Warum sehe ich merkwürdige Dinge, die sonst keiner sieht?«

Doch dann ist eine Frau in die Hütte gekommen und hat ausgerufen: »Man könnte meinen, hier wurde jemand getötet.«

Uns lief es eiskalt über den Rücken. Die Leute aus dem Dorf scherzen zwar oft mit dem Tod, aber in diesem Zusammenhang klang es beklemmend. Dennoch hat Großmutter ziemlich gelassen reagiert, weil sie weiß, dass diese Frau verrückt ist und es keinen Sinn hat, ihr zu widersprechen. Aber wenn wir allein sind, sieht Großmutter wirklich niedergeschlagen aus.

Meine Mutter will sie beruhigen: »Es kann dir doch egal sein, was sie gesagt hat. Sie ist einfach nur verrückt.«

Doch Großmutter macht sich daran, die ganze Hütte zu putzen. Sie spült jede Schüssel, jeden Teller. Wenn jemand fragt, was plötzlich ohne triftigen Grund in sie gefahren sei, sagt sie: »Ich muss alles in Ordnung bringen, bevor ich sterbe.«

Die Leute können diese Dringlichkeit nicht verstehen und gehen kopfschüttelnd wieder weg. Wir versuchen Großmutter aufzuheitern, aber sie ist wie besessen von diesem Gedanken. Nach dem Abwasch sortiert sie ihre Sachen. Danach sagt sie zu meiner Mutter: »Das war's. Ich bin fertig. Wenn ihr am Freitag den Hahn und die Hunde hört, werde ich tot sein.«

Heute ist Mittwoch.

Am nächsten Tag sammelt sie kleine Steine und legt sie neben die Hütte. Dann bereitet sie ein aufwändiges Abendessen zu. Der Ramadan ist fast zu Ende, und weil sie mehr gekocht hat als sonst, gibt sie meiner Tante ein paar Schüsseln mit und hilft ihr tragen. Ich will sie begleiten, doch meine Mutter hat etwas dagegen. Ich weine so fürchterlich, dass sie schließlich nachgibt und mich mit Großmutter, meiner Tante und deren Tochter gehen lässt.

Es ist der vierundzwanzigste Tag des Ramadan. Wir laufen durch die Savanne. Großmutter trägt den Reis, meine Tante die Soße, und wir Mädchen tragen die Bananen.

Ich erinnere mich, wie es war, als ich zum ersten Mal etwas auf dem Kopf trug. Es war im Jahr zuvor am Fluss. Großmutter sah mich aufmerksam an, und als es Zeit war zu gehen, kam sie plötzlich zu mir, legte mir ein Tuch auf den Kopf und stellte eine Wanne voll nasser Wäsche darauf. Dann sagte sie: »Geh! Du bist jetzt groß.« Wir lachten, und ich versuchte, die Wanne zu balancieren. So lief ich wie die anderen Mädchen und Frauen mit einer Last auf dem Kopf herum. Inzwischen habe ich mich daran gewöhnt. Und die Bananen sind wirklich leicht zu tragen.

Nicht weit vom Dorf entfernt stürzt sich plötzlich ein Wespenschwarm auf uns und sticht meine Tante. Großmutter versucht, ihr zu helfen und die Insekten zu vertreiben, doch sie wird an verschiedenen Stellen gestochen. Die Wespen werden wild, wir fangen an zu rennen. Großmutter kann nicht mithalten. Die Wespen greifen an, sie stechen überall zu, an den Händen, der Nase, den Augen, am Mund. Meine Augen sind verquollen, ich kann nichts mehr sehen, mein ganzer Körper ist geschwollen, wir können uns nicht mehr bewegen, geschweige denn weitergehen. Meine Tante holt schnell Hilfe im Dorf. Großmutter sitzt reglos da und sagt kein Wort. Ich habe Angst. Ich kann nichts tun, kann nicht zu ihr gehen, sie nicht anfassen, nicht mit ihr sprechen, ich kann nur warten.

Das ganze Dorf kommt uns zu Hilfe. Meine Mutter weint, als sie uns sieht. Man bringt uns durch die Savanne zurück zur Hütte. Großmutter legt sich auf ihre Matte, ich auf meine. Man wäscht uns, damit wir ein wenig Linderung verspüren. Ich habe große Angst. Scheinbar ist unser Zustand so ernst, dass man uns nicht nach Sangaredi ins Krankenhaus bringen kann. Doch man schickt jemanden in die Stadt, um einen Arzt zu holen und die Familie zu benachrichtigen.

Meine Mutter bleibt bei uns. Nun nennt sie Großmutter nicht mehr »Schwester«, sondern »Mama«.

»Mama, bitte geh nicht, lass mich und meine Kinder nicht allein ...«, fleht sie.

Großmutter antwortet nicht. Ich habe Angst, dass sie auch mich, ihre Tochter, verlässt. Doch ich kann es ihr nicht einmal sagen. Ich denke an ihre Worte oben an der Schlucht: dass ich für sie der Sinn des Lebens bin, ihr Ein und Alles. Ich würde ihr gern so viele Dinge sagen – dass sie meine Mutter ist und ich sie liebe, dass auch sie mein Ein und Alles ist, aber ich schaffe es nicht. Kein Wort kommt aus meinem Mund. Ich habe keine Kraft.

Die Nacht bricht herein. Die Mahlzeit, die wir gekocht haben, können wir gar nicht essen. Erst sehr viel später fängt Großmutter wieder an zu sprechen: »Ich habe Durst.« Meine Mutter stützt sie beim Trinken. Dann sagt Großmutter: »Ich möchte jetzt das Fasten brechen.« Sie hat gar nicht bemerkt, dass der Tag längst vorüber ist.

Die Nacht ist lang. In der Hütte gibt es kein Geräusch. Ich höre die Stille. Ich weiß nicht, ob ich schlafe, aber ich bin auch nicht wach, alles ist in einem Schwebezustand. Ich weiß nicht, wie spät es ist. Ich höre den Marabut, der gerade gekommen ist. Er liest aus dem Koran und streicht mit den Händen über meinen Körper.

Großmutter sagt leise zur Nachbarin, die sie rufen ließ: »Adawamana, ich vertraue dir meine Kinder an, pass gut auf sie auf.« Sie sagt, die Seife sei unter den Koffern, ihr Leichentuch sei bereit. Sie gibt Anweisungen, damit alles so ist, wie sie es sich wünscht. Sie sagt, sie würde uns bald verlassen. Nun komme der Tod für sie.

Sie ruft nach mir. »Wo ist meine Diaryatou?«

Ich liege ganz in ihrer Nähe.

Und dann ist meine Großmutter tot.

Wenn jemand stirbt, darf man nicht sofort weinen, man muss erst die Leiche waschen und in die Moschee bringen. Doch meine Tränen warten nicht, ich weine in meinem Herzen. Ein Leben ohne Großmutter kann ich mir nicht vorstellen; das geht nicht.

Am fünften Tag nach Großmutters Tod bringt man mich im Auto nach Sangaredi zur Behandlung. Meine Mutter begleitet mich. Seit fünf Tagen weint sie ununterbrochen. Im Auto drücken wir uns aneinander, erfüllt von tiefen Gefühlen, die man nicht in Worte fassen kann. Unsere Mutter ist tot.

8. KAPITEL

Meine Mutter kann nur wenige Tage bei mir bleiben, weil sie wieder zu meinem Vater zurückmuss. Großmutters Bruder Maodo kümmert sich um mich. Ich bekomme Salben und Medikamente, damit ich wieder gesund werde. Ständig denke ich an den Unglücksfall. Ich will wieder zurück nach Sakilé, will heim zu Großmutter. Doch das geht nicht. Nach sechs Monaten holt mich mein Vater ab und bringt mich nach Conakry in mein neues Leben. In Sakilé wartet niemand mehr auf mich.

Kaum lässt mich mein Vater aus dem Auto steigen, nehme ich wieder diese drückende Atmosphäre wahr, diesen ohrenbetäubenden Lärm und die Hysterie der Frauen, denen ich bei allen meinen Besuchen mit Großmutter ständig nur entfliehen wollte. Doch dieses Mal bin ich für immer gekommen. In dieser Welt, die mir fremd ist, bin ich von nun an zu Hause.

Die ersten Tage sind schwer. Ich bin immer in der Nähe meiner Mutter. Ich spreche mit niemandem. Alle scheinen sich in diesem Chaos wohl zu fühlen, Frauen und Kinder kommen und gehen, nur ich fühle mich in diesem Gewusel verloren; ich weiß nicht, welchen Platz ich dort einnehmen kann. Ich versuche, in meiner neuen Familie aufzugehen, aber mir ist, als würde ich verschwinden. Niemand kümmert sich um mich, es gibt mich gar nicht. Mit der Zeit klammere ich mich immer mehr an das Andenken meiner Großmutter, als würde sie mich bald wieder von hier abholen.

Meine Mutter weist mich oft zurück. »Verzieh dich! Häng dich nicht immer an mich, das mag ich nicht. Ich bin nicht deine Großmutter!«

Großmutter hatte immer Zeit, sie hatte ja nur mich. Aber meine Mutter hat noch vier andere Kinder, und eines ist noch ganz klein. Sie hat viel zu tun und kann mir die Dinge nicht in Ruhe erklären. Sie erwartet, dass ich eigenverantwortlich handle, denn sie sagt, ich sei kein kleines Mädchen mehr, ich sei schon groß und müsse selbst zusehen, wie ich zurechtkomme.

Nur bei meinem Vater fühle ich mich wohl. Er ist nett zu mir, und wenn er Zeit hat, zeigt er sich wissbegierig. »Erzähl mir von deinem Leben im Dorf.« Manchmal neckt er mich auch, aber er ist der Einzige, der sich für mich interessiert. Mitunter vertraut er mir sogar die Schlüssel zu seinem persönlichen Schrank an, wo er alle Papiere aufbewahrt. Diese Ehre, die er mir erweist, genieße ich wie einen Zärtlichkeitsbeweis. Bei ihm fühle ich mich respektiert und beachtet. Er ist ein sehr beschäftigter Mann, aber zumindest existiere ich für ihn. Wenn er sagt: »Dich mag ich gern, denn du bist das einzige ernste Kind«, dann merke ich, dass alles, was mir Großmutter beigebracht hat, richtig war.

Lediglich beim Essen herrscht in diesem Haus ein wenig Ruhe. Es gibt so viele Mütter und Kinder, dass ich mir manchmal während der ganzen Mahlzeit ihre Namen in Erinnerung rufen muss. Nur mittags essen alle zusammen. Abends isst jeder für sich allein, die Mütter essen zusammen mit ihren Kindern; wir teilen uns die Reste vom Mittagessen. Die Frauen müssen abwechselnd für die ganze Familie kochen. Dass es einer Frau gelingt, vierzig Personen am selben Tisch zu versammeln, ist eine wahre Herausforderung. Und dann diese unvorstellbaren Mengen, die sie zubereiten muss! Mittags einen Topf mit zwölf Kilo Reis.

Meine Mutter muss nicht jeden Tag den Haushalt machen, jede Frau hat drei Tage Dienst als Hauptwirtschafterin. Bei den vielen Gedecken kann man wirklich von Wirtschafterin sprechen.

Meine Mutter kam vor etwa zwölf Jahren nach Conakry, sie war erst dreizehn, aber sie war schon verheiratet. Auch für sie war die erste Zeit dort schwer. Die Leute auf der Straße und auf dem Markt hielten sie für die Tochter ihres Mannes. Im Dorf hatte sie nur wenige Dinge gelernt, und die nützten ihr in der Hauptstadt nichts. In der großen Familie meines Vaters fehlte es nie an Spott, und die Arbeit türmte sich. Sie konnte nicht kochen wie die anderen Frauen, sie machte das Essen so wie im Dorf, und das konnten die anderen, die sich als die großen Städterinnen aufspielten, natürlich nicht akzeptieren.

Wenn sie auf den Markt ging oder wenn sie morgens aufstand und Brot holte, wurde sie von den Kindern immer gehänselt, geschlagen oder provoziert. »Warum bist du nicht früher aufgestanden, um uns etwas zu essen zu machen?« Sie musste sich gegen ihre Stiefkinder wehren, die zum Teil älter waren als sie und sich ständig vor ihrem Vater stritten und schlugen.

Meine Mutter, die damals noch ganz jung war, wirkte auf dem Markt so hilflos, dass ihr eines Tages eine Frau half; sie nahm ihr Geld und erledigte die Einkäufe für sie.

»Ich koche Fleischklöße und Gemüse für dich, du bringst dann alles nach Hause und tust so, als hättest du es selbst gemacht.« Die Frau hat ihr den Plan ganz genau erklärt.

Meine Mutter hat alles auswendig gelernt. Als sie dann mit den Schüsseln nach Hause kam, ging sie erst Holz holen, um

Feuer zu machen, dann stellte sie den großen Topf auf den Herd, füllte ihn mit Wasser, und als es heiß war, gab sie kiloweise Reis hinein. Die Soße kochte sie so, wie die Frau es ihr erklärt hatte. Niemand hat je erfahren, dass ihr eine Fremde vom Markt gezeigt hatte, wie es ging. Alle waren zufrieden und lobten sie. Doch am nächsten Tag konnte sie sich an nichts mehr erinnern. Sie konnte nicht schreiben, also hatte sie sich auch nichts notiert und alles vergessen.

Wenn ihr das Essen misslang, warf mein Vater damit um sich und bekam vor der ganzen Familie einen Wutausbruch, und die anderen Frauen verhöhnten sie. Doch das Leben ging weiter. Meine Mutter beschimpfte niemanden und half den anderen Frauen. Wenn diese aufgegessen hatten, befahlen sie ihr: »Räum die Teller ab!« Wenn sie gerade den Boden fegte, kam oft eine andere Frau mit schmutzigen Schuhen herein. Und wenn die anderen putzen mussten, holten sie immer meine Mutter, obwohl sie mit der Hausarbeit gar nicht an der Reihe war. Sie sagte nichts, sie konnte nichts sagen.

Als sie dann Kinder bekam, wurde es ein bisschen besser. Man hatte erst gedacht, sie sei unfruchtbar, weil sie zwei Jahre lang nicht schwanger geworden war. Alle staunten, als meine älteste Schwester Diénabou zur Welt kam.

Meine Geburt fand zu einer Zeit radikaler Veränderungen im Familienleben statt; mein Vater war damals vom Präsidenten der Republik zum Stadtteilvertreter ernannt worden. Es hieß, ich hätte meinem Vater Glück gebracht. Normalerweise wird eine Geburt eine Woche lang gefeiert, doch bei mir dauerte das Fest doppelt so lang. Mein Vater war sehr glücklich. Von meinen ersten Lebenstagen sagte meine Mutter immer, sie seien die schönsten in ihrem ganzen Leben gewesen. Ich war im besten Moment gekommen, und so verkörperte ich für meine Familie den Wohlstand.

Mit der Ernennung meines Vaters zum Vertreter eines Stadtteils mit mehr als zwanzigtausend Einwohnern wurde das Leben für die ganze Familie leichter.

Mein Vater wurde im Busch geboren; mein Großvater hatte entgegen dem Brauch nur eine Ehefrau. Nachdem sein großer Bruder gestorben war, war mein Vater der älteste Sohn und musste die Familie unterstützen, er musste auf dem Feld arbeiten, Brennholz sammeln und alle Besorgungen erledigen. Er ging zwar nie zur Schule, doch mit zwölf Jahren wurde er zu einem Koranlehrer geschickt, er lernte lesen und schreiben und wurde ein Herr. Nach wenigen Monaten musste er den Lehrer zwar wieder verlassen und zu seiner Familie zurückkehren, doch durch den Unterricht hatte er sich sehr verändert; er hatte begriffen, dass er sich einen Platz in der Welt erobern könnte, wenn er sich anstrengte. Dann begegnete er zufällig einem Mann, der ihm in Conakry das Boxen beibrachte. Durch diese neue Tätigkeit traf er einflussreiche Menschen. In dem Viertel, wo er wohnte, lebten hauptsächlich Leute vom Volk der Soussou, und er lernte deren Sprache. Damals heiratete er Oumou, die wie er selbst dem Stamm der Peul angehörte.

Eines Tages schlug ihm jemand vor, neben dem Boxen die Leitung eines Schlachthofs zu übernehmen. Er zog nach Simbaya – damals noch ein sehr abgelegenes Viertel. Dort baute er ein Haus und vergrößerte es im Lauf der Jahre, während Simbaya sich unter seinem Einfluss modernisierte. Mit dem Geld, das er verdiente, konnte er für seine Eltern ein richtiges Haus bauen und in scinem Dorf eine Moschee errichten lassen. Er heiratete Aminetta und bekam von seiner Erstfrau Oumou den ersten Sohn.

Seine Gefolgsleute überredeten ihn, eine dritte Frau zu nehmen, und so heiratete er Bita. Als er seinem Koranlehrer für den Unterricht dankte, gab ihm dieser seine Tochter zur Frau: meine Mutter. Mein Vater hat das »Geschenk« angenommen. Durch diese Verbindung konnte er seinen Status als mächtiger Mann begründen, denn nun hatte er vier Frauen – und die muss man auch ernähren können. Darüber hinaus hatte er neunundzwanzig Kinder; das ist in Conakry sehr selten.

9. KAPITEL

Mein Vater ist immer gut gekleidet, er trägt schöne *bazins* – so heißen bei uns die farbenfrohen Tuniken. Er ist groß gewachsen, und in seinen *bazins* sieht er sehr würdevoll aus. Von morgens bis abends wird er von Bittstellern mit Beschlag belegt, seine Besucher kommen auch von weit her, und er spricht mit ihnen. Er wirkt auf mich wie ein Mann, der anderen viel gibt, ein mächtiger, großzügiger Mann. Als Stadtteilvertreter kümmert er sich um alles und jeden; er muss die öffentliche Ordnung aufrechterhalten und darüber wachen, dass sich alle an die Gesetze halten. Oft muss er auch Streitigkeiten unter Nachbarn schlichten, und er darf Genehmigungen zum Grundstücksverkauf erteilen. Doch sein größtes Verdienst ist der Bau von Siedlungen, in denen jeder Familie, die in die Hauptstadt kommt, ein Haus zusteht. Er nimmt auch immer wieder Straßenkinder, Waisen und notleidende Kinder auf und behandelt sie wie sein eigenes Fleisch und Blut. Als Stadtteilvertreter ist er sehr reich und kann ohne weiteres für ihre Bedürfnisse aufkommen.

Er bemüht sich, das Leben seiner Frauen und Kinder in geordneten Bahnen zu halten, doch das ist gar nicht so einfach. Im Viertel weiß man, dass meine Brüder böse Buben sind und die Position meines Vaters ausnutzen – genau wie seine ersten drei Frauen.

Als er den Markt in unserem Viertel bauen ließ, wollte er Stände für seine Frauen aufstellen. Mit dem Verkauf von

Lebensmitteln sollten sie eine gewisse finanzielle Unabhängigkeit bekommen, doch das passte ihnen nicht, und sie verließen schon bald ihre Stände, weil ihnen die Arbeit zu anstrengend war. Sie fanden es normal, dass ihr Ehemann, der verschiedene Funktionen ausübte, für sie und ihre Kinder sorgte; das war für sie selbstverständlich, es war ein Prinzip. Meine Mutter hätte gern auf dem Markt einen Stand unterhalten, doch sie konnte nicht rechnen und sprach auch kein Französisch.

Nach und nach gewöhne ich mich an die Frauen meines Vaters. Oumou, die erste, ist sehr hinterlistig. Sie hat sieben Kinder, fünf Jungen und zwei Mädchen; sie kann lesen und schreiben und spricht mehrere Sprachen, weil sie Glück hatte und in die Schule gehen konnte – was bei Frauen sehr selten ist. Sie weiß, wie das Leben in Conakry läuft, sie weiß, was dort möglich ist, sie weiß aber auch, was man nicht tun darf. Sie versteht es, meinen Vater zu nehmen. Die Erstfrau ist nicht zwangsläufig die Mächtigste in der Gruppe, doch sie kann ihre Vorzüge gegenüber ihrem Mann ausspielen; das verleiht ihr eine gewisse Macht und ermöglicht es ihr, die Schwächeren im Hintergrund zu halten. Vor allem spürt man zwischen dem Mann und der Erstfrau einen tief gehenden Zusammenhalt: Sie haben dieselbe Heimat.

Aminetta, die Zweitfrau, ist zuvorkommend und ernsthaft, sie lässt nie eine Situation eskalieren. Wenn sie etwas nicht gut findet, sagt sie es gleich. Doch diese Offenheit wirkt manchmal wie eine Provokation. Sie streitet oft mit meiner Mutter, nur weil sie weiß, dass diese eher ruhig und zurückhaltend ist. Aminetta ist eine elegante Dame und Mutter von acht Kindern; auch sie weiß, was sie will: Sie will geachtet werden, jedenfalls so sehr, dass sie meinen Vater bei offiziellen Anlässen begleiten und die anderen ausstechen kann.

Dann ist da Bita. Von allen Frauen mag ich sie am liebsten. Sie hat zehn Kinder und betrachtet es als absolute Priorität, dass alle in die Schule gehen und Erfolg im Leben haben. Sie ist sehr tapfer und fleißig. Morgens steht sie früh auf, kocht Reis und verkauft ihn an die Nachbarn. Alles, was sie neben dem Unterhalt meines Vaters verdient, kommt ihren Kindern zugute. Bita hat als Einzige verschiedentlich für meine Mutter Partei ergriffen. Deshalb mag ich sie auch so.

Meine Mutter, die letzte Frau, hat fünf Mädchen und zwei Jungen. Sie ist die zerbrechlichste, die zurückhaltendste, die netteste und die traurigste.

Jede Frau kümmert sich um ihre Kinder und bemüht sich, ihnen eine Zukunft zu sichern. In der Hauptstadt ist alles leicht zugänglich, und das Leben ist für die Frauen einfacher. Im Dorf müssen sie Dinge anbauen, wenn sie die Früchte ihrer Arbeit verkaufen wollen; in der Stadt hingegen brauchen sie nur Geld, um auf dem Markt Lebensmittel, Kleider und anderes zu kaufen.

Jeden Morgen verteilt mein Vater an alle Geld. Seine Frauen und Kinder sind so zahlreich, dass es eine beeindruckende Szene ist. Immer finden sie einen Grund, ihm ein paar Guinea-Francs abzuknöpfen. Manchmal beauftragt mich meine Mutter, Geld von ihm zu verlangen, doch man muss den richtigen Moment abwarten, mein Vater gibt es nicht einfach so her.

Ich komme immer besser zurecht und fühle mich nicht mehr so einsam. Langsam schätze ich sogar die Leute, vor allem meine Mutter. In Anbetracht der großen Familie verstehe ich, warum sie mir nicht all das geben kann, was Großmutter mir gegeben hat. Sie weint oft. Und wenn ich ein paar Münzen in der Tasche habe, kaufe ich immer das Gleiche: Taschentücher, damit meine Mutter ihre Tränen trocknen kann, die so oft fließen. Ich würde mir wünschen, dass sie nicht mehr weinen muss. Ich stelle mir vor, dass es aufhört, wenn ich ihr Taschentücher schenke; deswegen kaufe ich welche, sobald ich kann.

10. KAPITEL

Ich bin schon zehn Jahre alt, doch ich war noch nie in der Schule. Ich kann weder lesen noch schreiben; das ist in Guinea nicht ungewöhnlich. Mein Vater sagt, in die Schule zu gehen sei wichtig, auch für Mädchen. Um mich zu necken, fügt er noch hinzu, ich sei schon zu alt, um noch etwas zu lernen, doch ich könnte dort ja auf die Kleinen aufpassen. Ich habe Angst vor der Schule, denn ich weiß nicht, was mich erwartet, ich habe keine Ahnung, was sich dort abspielt. Und wenn ich nur Kinder hüten soll, kann ich genauso gut zu Hause bei meiner Mutter bleiben …

Doch mein Vater ermutigt mich: »Hör mir gut zu. Du sollst lesen und schreiben lernen, das ist wichtig, auch wenn du spät damit anfängst.«

Eines Tages muss ich Passfotos machen lassen, ich werde zum ersten Mal fotografiert. Stolz betrachte ich die Abzüge. Ich muss auch zum Schneider und mir eine rotweiß karierte Schuluniform nähen lassen. Sie ist sehr schön. Mein Vater schenkt mir eine Schiefertafel und einen Ranzen. Darin sind Buntstifte und Kreiden. Ich werde die staatliche Schule *Africof* besuchen.

Es ist ein großes Gebäude – das einzige mit mehreren Stockwerken in unserem Viertel. Sehr beeindruckend. Nun gehöre ich zu den Schülern, die morgens dort hingehen. Es gibt hier so viele Kinder, dass nicht alle zur gleichen Zeit unterrichtet werden können.

Der Schultag beginnt mit dem Fahnengruß, dann singen wir die Nationalhymne. Jungen und Mädchen sitzen getrennt in zwei Blöcken. Wenn die Lehrerin das Klassenzimmer betritt, stehen alle auf und sagen auf Französisch: »Guten Tag, Frau Lehrerin.« Wir sind etwa sechzig Schüler. Die Lehrerin ist nett, sie kennt meinen Vater und die meisten seiner Kinder. Ich kann dem Unterricht nur schwer folgen, weil er einmal auf Französisch und einmal in unserer Sprache abgehalten wird. Wenn Französisch gesprochen wird, verstehe ich nicht, worum es geht, obwohl ich in einer höheren Klasse bin. Die anderen Schüler wissen, wie man sich verhält, für mich jedoch ist alles neu. Stundenlanges Stillsitzen bin ich nicht gewöhnt, und ich kann mich nicht lange konzentrieren. Die Lehrerin kann sich nicht speziell um mich kümmern, und so lässt sie mich eben in meiner Ecke sitzen. Die anderen rechnen, lernen Französisch, sie sagen Sachen auf, und ich sitze einfach nur da. Manchmal schlafe ich ein. Dann weckt mich die Lehrerin und sagt, ich müsse aufmerksam sein, aber ich weiß nicht, wie ich es anpacken soll. Ich gehe jeden Tag zur Schule, aber ich lerne nichts. Doch ich habe den Eindruck, dass die anderen auch nicht sehr viel mehr Fortschritte machen als ich. Außerdem lässt die Lehrerin sie nicht oft etwas aufsagen, manchmal ist sie nur damit beschäftigt, für Ruhe in der Klasse zu sorgen. Ich kann eigentlich nur putzen, das machen wir jeden Samstag; manchmal müssen wir auch das Haus der Lehrerin putzen.

In der Pause redet kaum jemand mit mir, und wenn, dann sticheln sie nur, weil ich groß bin und nichts weiß, sie machen sich über meine Größe und mein Alter lustig, sie sagen, ich sei nur ein Landei und hätte in der Schule nichts verloren.

Nach dem Unterricht gehe ich gewöhnlich alleine nach Hause. Meine Geschwister begleiten mich nicht. Auf dem

Weg muss ich aufpassen, denn es gibt dort Eisenbahngleise. Der Zug braust so schnell vorbei, dass es manchmal zu Unfällen kommt. Kaum bin ich zu Hause, versuche ich, aus dem Lärm und dem Chaos zu flüchten. Immer streiten sich einige meiner Brüder, immer weint ein Kind, eine Mutter schreit. Ich habe hier sehr viel mehr Freiheiten als in Sakilé, mitunter merken sie nicht einmal, dass ich da bin. Also verlasse ich das Haus. Oft gehe ich zu den Nachbarn, wo es sehr viel ruhiger ist; die Kinder spielen, ohne sich zu zanken, und räumen mir einen Platz ein. Ich spiele gern Lehrerin. Dann zeichne ich mit der Kreide, die mir mein Vater geschenkt hat, etwas an die Wand. Wenn wir genug davon haben, machen wir ein Geschicklichkeitsspiel mit Fadenspulen oder spielen auf der Straße Verstecken. Bei den Nachbarn gibt es nur einen Vater und eine Mutter, beide arbeiten, und oft sind wir allein.

Die Tage folgen aufeinander und gleichen sich. Es ist immer derselbe Trott – Schule, Haus, Nachbarn.

Ich schlafe mit meiner Mutter und allen meinen Geschwistern in einem Raum. Manchmal wache ich nachts auf, und meine Mutter ist nicht da. Wenn ich sie frage, wo sie war, sagt sie, sie hätte etwas mit meinem Vater erledigen müssen. Ich sehe, dass ihr Bauch unter den weiten Kleidern wächst, sie wirkt immer erschöpfter. Eine Frau sagt, sie sei schwanger.

Ich bemühe mich, ihr beim Kochen und Waschen mehr zu helfen. Eines Tages komme ich von der Schule, und sie ist nicht zu Hause. Das Baby wird geboren.

In dieser Familie kommen ständig Babys zur Welt. Das ist nichts Besonderes. Meine Schwester will unsere Mutter nicht mal im Krankenhaus besuchen, aber am Ende begleitet sie mich doch. Meine Mutter hält ein winziges Baby im Arm.

Zu Hause trägt sie es dann in einem Tuch, sie nimmt es überallhin mit. Manchmal bindet sie mir das Tuch um, und ich trage das Kind. Das ist neu: Mutter spielen.

In der Familie bahnt sich eine weitere große Veränderung an: Ein Mann hat um meine Schwester angehalten. Sie ist fünfzehn. Mein Vater ist mit der Heirat einverstanden, denn ihr Zukünftiger ist ein Herr – ein sehr reicher, einflussreicher Mann. In zwei Monaten soll die Feier stattfinden, es wird ein prächtiges Fest. Während meine Mutter und meine Schwester Vorbereitungen treffen, kümmere ich mich um das Baby.

Ich weiß, dass vor einiger Zeit auch jemand um mich geworben hat, er wartet mit der Hochzeit, bis ich fünfzehn bin – also noch drei Jahre. Ich habe Zeit, darüber nachzudenken. Wenn dieser Mann uns besuchen kommt, zieht mich mein Vater gern auf; das ist wie ein Spiel zwischen uns.

Bei der Hochzeit tragen alle Familienmitglieder Kleider aus demselben Stoff, auch die Nachbarn. Meine Schwester ist ganz in Weiß gekleidet. Wir begleiten sie zu ihren Schwiegereltern, ich und ihre Freundinnen bleiben zwei Tage bei ihr. Es ist immer schwer, in eine andere Familie zu kommen, wir helfen ihr dabei. Vier Tage später besucht die Schwiegermutter meine Mutter. Sie bringt das weiße Kleid meiner Schwester zurück, nur die Erwachsenen dürfen es sehen. Offensichtlich hat man festgestellt, dass sie Jungfrau war. Die Frauen freuen sich und klatschen in die Hände. Das Fest kann beginnen.

Vier Tage danach kommt meine Schwester zu Besuch. Als Kopfschmuck trägt sie wie üblich Geld, doch dieses Mal sind es keine Guinea-Francs, sondern Dollars. Alle sind beeindruckt. Beim Fest gibt es Essen, Musik und Tanz. Am Ende reicht meine Mutter meiner Schwester eine Tasse Joghurt, dann nimmt meine Schwester eine Kola-Nuss, eine Genusspflanze, die man in symbolischen Momenten zu sich nimmt. Sie kaut und spuckt dreimal hintereinander aus – ein Zeichen, dass man die üppige Aussteuer begutachten darf.

Dann geht meine Schwester für immer weg. Sie gehört von nun an zu einer anderen Familie und lebt in einem anderen Viertel. Von Zeit zu Zeit sehen wir sie wieder, und meine Mutter geht zu ihr, um ihr beim Kochen zu helfen.

Ich besuche weiterhin die Nachbarn. Moutare ist der älteste Sohn. Meine Freundinnen sagen, er wird einmal mein Ehemann. Ich weiß, dass ich einem anderen versprochen bin, doch ich male mir ein Leben mit Moutare aus. Er ist jung, schön wie ein Schauspieler und er ist nicht verheiratet. Er studiert an der Universität. Er spricht mit mir, und ich kenne ihn. Ein guter Junge. Er ist gewissermaßen der Grund für meine Besuche bei den Nachbarn. Ich tue alles, damit er auf mich aufmerksam wird, ich helfe auch im Haushalt.

Ich gehe oft mit meinen Brüdern aus, wir gehen tanzen oder sehen indische Filme an. Das macht Spaß, aber Moutare ist nie dabei. Er ist ernsthaft, er bleibt zu Hause und lernt.

Wenn ich zu spät heimkomme oder, schlimmer noch, wenn ich meine Schwester mitnehme, schimpft meine Mutter. Sie sagt, es ginge nicht an, dass ich so spät noch unterwegs sei. Sie ruft mir in Erinnerung, dass ich für meine Schwester und dass sie, meine Mutter, für mich verantwortlich sei. Manchmal ist es wie ein Witz: Jede Frau hat ein Mädchen in meinem Alter, und wenn wir zusammen heimkommen, bekommt jede von ihrer Mutter einen Rüffel.

Langsam begreifen alle, dass ich kein Mädchen mehr bin, ich bin nun eine junge Frau, und man wirft mir vor, ich sei zu gesellig und ließe mich mit allen möglichen Leuten auf große Diskussionen ein. Ich weiß nicht, was daran schlimm sein soll. Es stimmt, ich bin gern mit anderen Menschen zusammen und ich diskutiere gern.

Selbst wenn ich von den Nachbarn komme, schimpft meine Mutter und droht mir. Sie fürchtet um unseren Ruf. Ich bin dreizehn, und jeden Tag brüllt sie, mein Vater würde uns aus dem Haus jagen, wenn ich einen Freund hätte. Sie hat schreckliche Angst, dass ihr Mann sie verstoßen könnte und ihre Kinder dann von den anderen Frauen großgezogen würden, wie es Großmutter passiert ist. Objektiv gesehen tue ich nichts Böses, dennoch fürchte ich, dass meine Eltern sich meinetwegen trennen könnten, ich will bei meiner Mutter bleiben … Sie sagt, in meinem Alter sei sie nie tanzen gewesen, und meint, wir würden sicherlich Dummheiten machen. Sie rät mir vor allem, nicht schwanger zu werden, denn das würde garantiert zur Verstoßung führen. Ich weiß nicht, wie man schwanger wird, aber ich habe Angst, dass mir die Worte meiner Mutter Unglück bringen und mir so etwas passieren könnte. Manchmal bin ich sogar überzeugt, dass es bereits geschehen ist: dass meine Mutter mich ansieht und ein Kind in mir erblickt.

11. KAPITEL

Eines Morgens kommen Soldaten in Khaki-Uniformen. Als sie das Haus betreten, begreift mein Vater sofort, was los ist. Er sagt, wir sollen in unsere Zimmer gehen, und spricht mit den Männern. Dann geht er mit ihnen weg, ohne ein Wort zu sagen.

Später kommt ein anderer Mann in Uniform und sagt, dass mein Vater verhaftet worden sei. Er hatte sich geweigert, der Regierung seine Zustimmung zum Bau einer großen Straße zu geben, die zahlreiche Enteignungen erfordert hätte. Mein Vater will keine Modernisierung, wenn man deswegen die traditionellen Häuser abreißen muss. Er hat versucht, die Bewohner des Stadtteils zu schützen, doch die Regierung war stärker.

Der Soldat leert den Schrank, in dem mein Vater wichtige Papiere über alles und jeden aufbewahrt und dessen Schlüssel er mir manchmal anvertraut hat. Ein paar Tage lang wissen wir weder, was mit unserem Vater geschieht, noch, was aus uns werden soll. Ohne ihn sind wir verloren. Alle Frauen weinen, als sei er tot. Nach vier Tagen kommt er gesund und wohlbehalten zurück, hat jedoch keine Zukunft und keine Mittel mehr. Er wurde als Stadtteilvertreter abgesetzt.

Das ganze Viertel weint. Mein Vater kann niemanden mehr beschützen, er hat keinerlei Macht mehr. Seine Stimme zählt nicht mehr, er ist ein Mann wie jeder andere. Auch hat er keine

Mittel mehr, um für seine Frauen und seine vielen Kinder zu sorgen – nun ist er wie die anderen, denen er zwanzig Jahre lang geholfen hat. Alle im Haus müssen sich damit abfinden, dass unser Vater, unser Familienoberhaupt, ein entmachteter Mann ist. Für die Familie ist das eine Tragödie.

Er will kein Mitleid, er redet wenig, aber die Frauen begreifen, dass von nun an alles anders ist. Am Anfang können wir unseren Lebensstandard mehr oder weniger halten. Wir verzichten auf unnötige Ausgaben, essen aber noch zusammen und führen weiterhin ein würdiges Dasein. Dann verkauft mein Vater sein Land. Das bringt uns erst einmal etwas ein, doch dann müssen wir wieder warten, bis er Geld auftreibt, damit wir Essen kaufen können.

Inmitten all dieser Umwälzungen erfahre ich, dass Moutare nach Belgien gegangen ist und dort sein Studium fortsetzt. Ich kann mir nicht vorstellen, wie sein neues Leben aussieht. Ich weiß nur, dass er gegangen ist, ohne um meine Hand anzuhalten. Ich hatte ihm nicht einmal gesagt, dass mir das gefallen würde. Niemand merkt, dass ich traurig bin.

Morgens gibt uns der Vater ein wenig Geld, um Brot und Milch zu kaufen. Meine Mutter und ich können etwas dazuverdienen. Wir kochen Fleischklößchen und verkaufen sie. Es läuft ganz gut, denn ich gebe mir Mühe, sie schön zu präsentieren, und bin freundlich zu den Leuten.

Die Zeiten sind schlecht, aber montags denken wir nicht daran. An diesem Tag wird die brasilianische Serie *Marimar* ausgestrahlt. Die ganze Familie sitzt vor dem Fernseher und verpasst nie eine Episode. Wir verfolgen die Abenteuer der jungen Frau namens Marimar; sie ist sehr arm und wohnt mit ihren Großeltern in einem Dorf. Sie verliebt sich in Sergio, einen schönen, reichen Mann. Er heiratet sie und zieht mit ihr in ein schönes Viertel. Doch Marimars Schwiegermutter ist gegen diese Heirat, sie verhöhnt die junge Frau, ein gewöhnliches Mädchen vom Land, das nicht einmal mit Messer und Gabel umgehen kann. Sie macht Marimar das Leben schwer, schließlich geht die junge Frau weg und arbeitet als Kindermädchen. Trotz meiner schlechten Französischkenntnisse verstehe ich alles, was auf dem Bildschirm passiert. Am Ende der Sendung füllt jeder seine Wissenslücken in Bezug auf die Handlung und stellt sich die Fortsetzung vor, ja, wir denken uns ganze Szenen aus. Montags sind wir immer vereint wie eine richtige Familie.

Spät am Abend steigt vor unserem Haus ein Mann aus dem Taxi. Er hat viele Taschen und pralle Koffer dabei. Der Mann ist westlich gekleidet. Wir sind gerade dabei fernzusehen und erwarten keinen Besuch. Alle drängen sich um ihn, denn er sieht so aus, als komme er von weit her und sei ein wichtiger Mann. Er stellt sich meinem Vater vor und sagt, er sei gekommen, um ihm zu danken. Einige Jahre zuvor hat ihm mein Vater geholfen, eine Pilgerreise nach Mekka zu machen. Es ist ganz normal, dass Leute ins Haus kommen und sich bei meinem Vater bedanken, also sehe ich weiter fern und schenke dem Besucher keine große Beachtung.

Er verkündet, dass er einige Tage bei uns bleiben möchte, bevor er zu seinen Eltern, seinen Frauen und Kindern geht. Mein Tagesablauf ist immer gleich: Schule, Haushalt, Ausgehen. Ich denke nicht an diesen vornehmen Mann.

Zwei Monate später kommt er wieder. Tagsüber sieht er zu, wie ich aufräume, putze und die Blätter des Mangobaums vor dem Haus meines Vaters zusammenkehre. Er scheint mich bei allem zu beobachten.

Eines Abends sitzt er auf der Treppe. Er trägt gelbe Kleider und bereitet sich auf das Gebet vor. Als ich zufällig an ihm vorbeigehe, wäscht er sich gerade Hände und Füße.

»Guten Abend, Mädchen.«

Ich bin erstaunt, dass er mich anspricht, sage aber nur: »Guten Abend.«

»Bist du die Tochter von Herrn Bah?«

Ich sage ja. Einfach nur: »Ja«. Ich bin es nicht gewöhnt, dass man mir persönliche Fragen stellt.

»Ich habe gesehen, wie du jeden Tag das Haus putzt und die Laken wechselst. Du machst viel für deinen Papa.«

»Ja, ich helfe meinem Vater.«

Er stellt mir noch alle möglichen Fragen über mein Leben, mein Alter, die Schule, ob ich verlobt oder schon verheiratet sei. Ich antworte, wie es sich gehört, mit Respekt und Zurückhaltung, doch ich frage mich, warum er das alles wissen will.

Er erzählt auch von sich. Er möchte bald nach Holland zurückkehren, wo er mit einer Holländerin verheiratet sei, die die Königin kennt. Doch diese Frau sei keine Muslima, sagt er. Er hätte genug vom Leben mit einer Weißen, er brauche eine Frau, die seine Kultur kennt, die Religion respektiert und der er vertrauen kann. Dann fragt er mich, ob ich seine Frau werden und mit ihm nach Holland gehen möchte.

Ich denke natürlich, dass er das aus Spaß sagt. Schon einmal hat ein Mann mich zum Scherz gefragt, ob ich ihn heiraten will. Dieser Mann hier wirkt zwar seriös, doch ich knüpfe in scherzhaftem Ton an:

»Ja, aber diese Entscheidung liegt nicht bei mir, sondern bei meinen Eltern.«

Dann sagt er, er müsse nun in die Moschee, wir könnten ein andermal weiterreden. Bevor er geht, bittet er mich, ihm einen Eimer Wasser bereitzustellen, damit er sich nach dem Gebet waschen kann.

Ich berichte meiner Mutter Wort für Wort von diesem Gespräch. Sie kann es nicht fassen, dass er so lange mit mir geredet hat, und sagt: »Er hat dich sicher im Scherz gefragt, ob du ihn heiraten willst. Er hat mehrere Frauen, er wollte sich nur einen Spaß mit dir erlauben.«

Sie glaubt mir nicht, immer denkt sie, ich würde Mist erzählen. Doch dieses Mal bin ich einer Meinung mit ihr – es kann nicht sein, dass mich ein solcher Mann zur Frau nehmen will.

Später am Abend kommt mein ältester Bruder zu mir. »Der Herr will dich sehen, er möchte mit dir reden. Er erwartet dich in meinem Zimmer.«

Der Mann sitzt auf dem Bett. Ich setze mich auf einen Stuhl ihm gegenüber. Wir haben uns zwar schon bekannt gemacht, doch er stellt sich noch einmal vor und kommt wieder auf das Thema Heirat zurück.

»Du weißt, dass ich studiert habe und viel arbeite. Ich komme in der ganzen Welt herum. Wenn ich dich heirate, nehme ich dich mit nach Europa. Du wirst bestimmt ein schönes Leben haben. Und du lernst dort etwas. Ich sorge gut für dich und deine Eltern. Von hier aus fliege ich nach Japan, Amerika, Frankreich, Belgien und Holland.«

Er sagt, ich sei schön und er würde sich freuen, wenn er mich heiraten dürfe. Ich höre seine Worte, doch ich weiß nicht, warum er mir das erzählt. Es klingt alles so abwegig und so anders als mein bisheriges Leben, dass ich es einfach nicht glauben kann. Dieser Mann schüchtert mich ein, ich mache nur den Mund auf, wenn ich antworten muss.

»Diaryatou! Diaryatou!« Meine Mutter ruft nach mir. Es ist Schlafenszeit, und wie immer will sie, dass wir alle zusammen ins Bett gehen. Sie möchte ihre Kinder bei sich haben, allein hat sie Angst.

Ich sage, dass ich gerade mit dem Herrn spreche, der mich heiraten will.

»Lügnerin!«, schreit sie mich an. »Das sagst du nur so dahin!«

»Warum sollte ich, Mama? Ich erzähle normalerweise keinen Unsinn.«

Meine Mutter geht ins Zimmer meines Bruders, der Mann begrüßt sie und fragt: »Sind Sie die Mutter?«

»Ja. Und Sie wollen meine Tochter heiraten?«

»Ja.«

Verwundert schweigt sie. Dann fasst sie sich wieder und erwidert, das könne bis morgen warten. »Ich möchte jetzt schlafen, ich bin müde. Wenn ihr eure Unterhaltung beendet habt, kommst du gleich ins Bett!«

Kurz darauf gehe ich zu meiner Mutter. Sie schläft noch nicht. Sie ist überglücklich und ganz aufgeregt, sie will alles wissen. Sie kann es gar nicht glauben. Sie spricht schnell und in einem entschlossenen Ton, den ich gar nicht von ihr kenne. Sie sagt, der Mann habe eine gute Stellung, er arbeite für Europa. »Hast du sein Gepäck gesehen, als er kam? Er hat Geld. Wenn du ihn heiratest, hast du bestimmt ein tolles Leben. Du wirst Kinder haben … Dort ist alles ganz anders als hier. Denk doch mal nach!«

Vor einer halben Stunde dachte ich noch, es sei ein Spiel, und nun sieht mich meine Mutter schon als verheiratete Frau! Ich gebe zurück, dass ich keine Lust hätte, diesen Mann zu heiraten. Ich kenne ihn nicht, er ist alt und hat schon andere Frauen.

Doch bevor ich noch aussprechen kann, unterbricht sie mich: »Hör auf! Sag so etwas nicht! Wenn er dich heiratet, nimmt er dich mit nach Europa. Du willst doch nicht tagtäglich dieses Leben hier führen, wenn du die Möglichkeit hast wegzugehen!«

Ich bin verwirrt. Ich weiß nicht, was tun. Alles ist so plötzlich gekommen, mir platzt gleich der Kopf. Ich begreife nicht, wie es so schnell gehen konnte. Ich habe Angst, ich schlafe schlecht. Ich denke an das, was dieser Mann zu mir gesagt hat, und vor allem an die Worte meiner Mutter: Ich kann glücklich und stolz sein, dass dieser Mann mich gewählt hat. Dass er von allen Töchtern meines Vaters nur mich haben will. Dass ich nach Holland gehen und meinen Verwandten helfen kann. Dass ich unserer Familie Ehre machen kann. Ich weiß, dass ich auf alle Fälle heiraten muss. Ich habe das Alter dazu und ich bin meiner Familie eine Last. Warum sollte ich also nicht diesen Mann nehmen, der so wortgewandt und so vornehm ist?

Am nächsten Morgen wissen schon alle Bescheid. Sie reden nur davon und bestürmen mich mit Fragen:

»Na, wie findest du ihn?«

»Wann heiratest du?«

»Gehst du nach Holland?«

Mein Bruder interessiert sich nicht für die Einzelheiten. Für ihn zählt nur Geld. Er sieht darin eine günstige Gelegenheit. »Verlange Geld von ihm, damit du dir die Haare machen lassen kannst.«

Ich weigere mich. Alle tun so, als sei ich schon mit diesem Mann verheiratet, dabei hat mein Vater noch kein Wort dazu gesagt, und ich finde, es gehört sich nicht, von jemandem Geld zu verlangen, den man gerade erst kennen gelernt hat.

Doch mein Bruder bittet ihn trotzdem um Geld und gibt mir meinen Anteil. Da merke ich, dass es ernst ist. Es handelt sich um eine große Summe – der Mann hätte sie meinem Bruder niemals gegeben, wenn er es nicht ernst meinen würde. Auch die anderen sehen dies als Bestätigung seiner Absichten.

»Jetzt ist es sicher. Er wird offiziell um deine Hand anhalten«, sagt meine Mutter. »Seine Familie bringt Kola-Nüsse und fragt deinen Vater, ob er einverstanden ist. Du musst ihm auf alle Fälle sagen, dass du ihn heiraten willst. Wenn er nämlich erfährt, dass du bis spätabends unterwegs bist, könnte er seine Meinung ändern. Du musst dich so verhalten, als wärst du einverstanden. Denk daran, was dein Vater zu mir gesagt hat: Solltest du je einen Bastard nach Hause bringen, schmeißt er uns raus. Ohne jede Unterstützung. Willst du das? Willst du, dass wir auf der Straße landen?«

Ich will nicht, dass wir meinetwegen aus dem Haus gejagt werden. Immer habe ich Angst, dass meine Mutter mir eines Tages sagen könnte, ich hätte mir beim Ausgehen ein Kind eingefangen und sei schwanger. Wenn ich verheiratet bin, spielt das keine Rolle; dann wäre das Kind kein Bastard, es wäre auf jeden Fall das Kind meines Mannes. Wenn ich also heirate, ist meine Familie alle Sorgen los, und meine Mutter kann beruhigt sein. Ich bin mit allem einverstanden, ich will sie nicht hängen lassen.

»Gut. Genau das wollte ich hören. Zeig ihm also unter allen Umständen, dass du ihn heiraten willst.«

Am späten Vormittag kommt die Familie meines zukünftigen Mannes auf Besuch. Sie wollen mit uns zu Mittag essen und mit meinem Vater sprechen. Es sind viele Leute – sein Bruder, sein Vetter, sein Onkel sowie ein Freund und Onkel meines Vaters. Sie setzen sich neben meinen Vater, der sie erwartet hat. Die Frauen dürfen bei diesem Treffen nicht dabei sein. Sobald der erste Mann kommt, gehen wir ins Haus nebenan, setzen uns und unterhalten uns weiter. Ich bin nervös.

Ich möchte wissen, was da gesprochen wird. Unter dem missbilligenden Blick meiner Mutter stelle ich mich heimlich ans Fenster. Der Bruder des Mannes kniet sich vor meinen Vater hin und gibt ihm Kola-Nüsse – der erste Schritt bei einem Heiratsantrag. Wenn man um etwas Wichtiges bittet, schenkt man immer Kola-Nüsse. Der Mann spricht; wie es der Brauch vorschreibt, wendet er sich dabei nicht direkt an meinen Vater, sondern an seinen Vetter.

Ich höre, wie er seinen Antrag formuliert: »Ich bin erst seit kurzem hier, aber ich habe Ihre Tochter gesehen und festgestellt, dass sie fleißig ist. Sie kümmert sich gut um Ihr Haus. Ich würde sie gern heiraten und mit nach Holland nehmen.«

Meine Mutter macht mir ein Zeichen, dass ich vom Fenster weggehen soll. Sie dürfen mich auf keinen Fall sehen. Ich muss mich neben meine Mutter setzen und bekomme kaum mehr mit, was danach geschieht. Sie reden über eine Stunde lang, hier und da höre ich Wortfetzen. Mein Vater sagt, ich sei schon einem anderen Mann versprochen, und er müsse erst prüfen, ob er mich noch immer will.

Dann sagt er: »Sie können beruhigt nach Holland reisen, Sie haben mein Wort: Wenn Diaryatou frei ist, bekommen Sie sie. Wenn nicht, bekommen Sie ihre Schwester zur Frau. Der andere Herr darf Diaryatou heiraten und Sie ihre Schwester.«

Ich höre, wie der Mann sagt, dass er kein anderes Mädchen will – nur mich. Ich bin froh, dass sich mein Vater einverstanden erklärt; endlich ist meine Mutter von dieser Belastung befreit.

Das Gespräch ist zu Ende. Der Mann geht mit seiner Familie weg und packt die Koffer. Sein Flugzeug geht in wenigen Tagen. Mein Vater ruft meine Mutter zu sich, er zeigt ihr die

Kola-Nüsse und erklärt, dass der Mann mich heiraten will. Danach ruft er seine anderen Frauen, übermittelt ihnen die Neuigkeit und teilt mit ihnen die Kola-Nüsse.

Jetzt darf ich das Zimmer verlassen. Alle sehen mich interessiert an. Seit dieser einflussreiche Mann um mich geworben hat, betrachten sie mich mit anderen Augen. Meine Mutter kommt zu mir. Ich weiß zwar schon Bescheid, aber sie ist verpflichtet, die Worte meines Vaters zu wiederholen.

Später holt mich mein Vater, damit ich mich von dem Mann verabschiede, der mich zur Frau nehmen möchte. Seine vielen Koffer sind schon im Wagen meines Vaters verstaut. Der Mann gibt mir einen Zettel mit seiner Telefonnummer in Holland und sagt, ich könne ihn auf dem Handy anrufen. Die Nummer ist lang, mindestens zwölf Ziffern. In Conakry hingegen sind die Telefonnummern nur dreistellig. Er verspricht mir, Päckchen zu schicken und aus der Ferne für mich zu sorgen. Wir geben uns die Hand, und er geht.

Meinem Vater versichert er, er würde sich auch um meinen Bruder kümmern und dafür sorgen, dass er nach Holland kommen und dort studieren kann. Dann bringen ihn mein Vater und mein Bruder zum Flughafen.

Einen Monat lang bekommen wir keine Nachrichten von ihm. Meine Mutter und ich besuchen seine Familie in Conakry. Sie empfangen uns in ihrem schönen Haus, bieten Tee an, und wir unterhalten uns lange. Erleichtert kehren wir nach Hause zurück – auch seine Familie hat keine Neuigkeiten von ihm, doch alles wird gut, der Mann hat seine Meinung nicht geändert. Ich habe Glück, dass ich bald zu dieser Familie gehöre, die Religion und Tradition achtet.

Endlich ruft er an, und mein Vater verkündet ihm, dass der andere Mann auf mich verzichtet habe. Er ist schon verheiratet und kann sich keine weitere Hochzeit leisten. Mein künftiger Mann freut sich, das zu hören, und will mit mir sprechen.

Ich rede mit ihm wie schon zuvor und beantworte nur artig seine Fragen. Er sagt, er sei viel auf Reisen gewesen, deshalb hätte er nicht früher anrufen können. Er fragt nach meinem Befinden und nach der Schule. Er sagt, mein Vater habe ihm erlaubt, Pakete zu schicken. Und tatsächlich schickt er mir Toilettenartikel und Kleider. Stolz trage ich sie und gebe auch meinen Schwestern etwas ab. Es gibt genügend für alle.

Einige Wochen lang kommen regelmäßig Anrufe und Pakete. Die Hochzeitsvorbereitungen beginnen. Doch mein Vater ist immer noch schlecht gelaunt. Seine Geschäfte laufen nicht gut. Er baut gerade ein Haus, doch ihm fehlt es an Beton. Als er schließlich welchen auftreibt, erfährt meine Mutter, dass er das Geld von meinem künftigen Mann bekommen hat – damit sollte ich auf eine Privatschule geschickt werden. Doch mein Vater zieht Erkundigungen über meinen Verlobten ein, und was er erfährt, gefällt ihm gar nicht; da kann ein bisschen Beton auch keinen Meinungsumschwung bewirken. Die Religion ist heilig. Scheinbar hat dieser Mann schon vier Frauen, und ich wäre die fünfte; das aber verbietet der Koran. Meine Mutter und die Erstfrau versuchen, meinen Vater zu beschwichtigen, und zählen ihm die Vorteile dieser Heirat auf. Aber mein Vater würde es nie zulassen, dass seine Tochter eine Fünftfrau ist. Er gibt dem Mann zwei Monate Zeit, um alles zu regeln.

Während dieser Zeit herrscht Schweigen im Haus. Die Hochzeitsvorbereitungen werden ausgesetzt. Wir beten und warten. Wir haben Angst, dass mein Vater auf seinem Entschluss beharren könnte, und tun alles, was uns möglich ist, um die Ereignisse zu beeinflussen. Jeden Tag besuchen wir Bekannte meines Vaters und erklären ihnen, wie wichtig diese Heirat ist, in der Hoffnung, dass sie ihn überreden könnten. Wir ziehen auch Marabuts zu Rate. Sie sagen, es würde alles in Ordnung kommen, ich würde nach Holland gehen, doch dafür müsse man Opfer bringen. Zum Beispiel müsse man die Kinder des Viertels zusammenrufen, und sie sollten sich alle mit demselben Wasser die Hände waschen. Dann müssten wir dieses Wasser vor die Haustür schütten, und das Glück würde durch diese Tür eintreten. Auch müssten wir anders kochen – anstatt die Soße auf den Reis zu schöpfen, sollten wir den Reis in die Soße geben. Und dieses Essen sei für die Kinder bestimmt.

Dann kommt die Nachricht, dass der Mann sich von einer seiner Frauen scheiden ließ. Wir danken Gott für seine Hilfe. Mein Vater ist schließlich einverstanden – in drei Wochen ist die Hochzeit. Mein Verlobter kann nicht zu dem Fest kommen, sein Bruder wird ihn vertreten.

Eine Hochzeit ist teuer. Wir haben Glück, dass ich im Januar heirate, mitten im Ramadan, dann kann die Feier schlichter sein, und man hat weniger Ausgaben. Dennoch haben wir Probleme, die nötigen Mittel zusammenzutragen. Meine Mutter und ich verkaufen hinterm Haus Bananen, Orangen und Mandarinen an Passanten, doch das bringt nicht genügend Geld ein. Je näher der Termin rückt, desto mehr fürchtet meine Mutter, das Geld könnte nicht reichen, um alles zu bezahlen. Sie spricht darüber mit meinem zukünftigen Mann am Telefon. Er hilft aus und schickt Geld, doch meine Schwiegermutter gibt den Großteil dieses Zuschusses für andere Dinge als meine Hochzeit aus. Ich bitte Freunde um Hilfe. Moutares Schwester gibt mir ein hübsches Sümmchen. Am Ende haben wir genügend zusammen, um alle Gäste zu bewirten und gut dazustehen.

Am Morgen vor der Feier ist der Himmel verhangen, es regnet. Man lässt mich frisieren, wie es sich für eine Ehefrau ziemt. Im Friseursalon kommt ein Lied im Radio: »Wenn du heiratest und fern von deinen Eltern bist, wenn du niemanden kennst, weder Vater noch Mutter hast, dann ist es hart in der Fremde …« Ich weiß, dass diese Heirat mir und meiner Familie nützt und dass ich mich freuen sollte, weil ich heute zur Frau werde. Doch mir laufen Schauder über den Rücken, mein Bauch krampft sich zusammen. Ich habe zwar heute Früh vor Sonnenaufgang etwas gegessen, aber mein Magen ist leer und hart. Die Friseurin erzählt mir von Holland, sie sagt, dort gebe es elektrische Melkmaschinen, die Milch komme von überallher, man könne Joghurt in allen Variationen kaufen, doch ich höre gar nicht richtig zu.

Zu Hause breche ich das Fasten und esse, ich habe das Gefühl, ich werde sonst ohnmächtig. Ich bin mit meinen Freundinnen in einem Raum und versuche mich auf meine Pflichten zu konzentrieren. Dann kommen die älteren Frauen, eine legt mir einen roten Schleier an, der mein Gesicht so gut verhüllt, dass ich selbst nichts mehr sehe. Sie nimmt mich an der Hand und führt mich zum Zimmer der Erstfrau, wo die Zeremonie stattfinden soll. Die anderen Frauen folgen uns, doch meine Freundinnen müssen zurückbleiben – nur verheiratete Frauen dürfen teilnehmen. Neben meiner Mutter, den anderen Frauen meines Vaters und meinen verheirateten Schwestern sind auch die Großmütter aus dem Viertel und die Freundinnen der Familie dabei; achtbare Frauen jeden Alters. Sie waschen mich erst mit speziellem, geweihtem Wasser: dreimal die Hände, das Gesicht und den Kopf wie vor dem Gebet. Ich fülle den Mund mit diesem Wasser und spucke es wieder aus. Man kleidet mich in Weiß. Alles ist sauber. Bei der Feier wird man allen Leuten diese Kleider zeigen, um zu beweisen, dass ich Jungfrau war.

Ich bin bereit. Die Männer sind von der Moschee zurück. Man will meinen Vater holen, damit er mich in die Ehe führt.

Doch er kommt nicht; das wundert mich sehr. Mein Bruder vertritt ihn. Ich wusste immer, dass mein Vater nicht gänzlich mit dieser Heirat einverstanden war, aber ich hätte gedacht, dass er seine Pflicht erfüllt. Die Frauen sind genauso erstaunt wie ich. So ein Verhalten wird nicht gern gesehen.

Also spricht mein Bruder die rituelle Formel des Brautvaters: »Von heute an hast du einen Mann.« Der Vorname des Mannes – Ousam – wird dreimal ausgesprochen. Es ist vollbracht. Von nun an gehöre ich nicht mehr meinen Eltern, sondern diesem Mann, der nur telefonisch an der Feier teilnimmt. Ich bin eine verheiratete Frau und muss die Wünsche meines Mannes respektieren. Ich habe Bauchschmerzen, als hätte sich mein Magen verknotet.

Dann soll ich weinen, die anderen Frauen sollen mit mir weinen; einige vergießen Tränen, andere nicht.

Meine Mutter sagt: »Weine! Es bringt Unglück, wenn du nicht weinst.«

Ich sollte vor Freude und Aufregung heulen, aber die Tränen kommen aus einem anderen Grund: Ich denke an Großmutter, die nun dabei sein sollte. An meinen Vater, der mich fallen ließ. An meine Mutter, die ich bald verlassen muss. Es ist nicht schwierig, die Tränen fließen ganz von allein.

Der Bruder meines Mannes kommt zu mir und sagt, ich solle nicht weinen. Er vertritt meinen Mann und gibt mir Geld, damit alle sehen, dass ich ihm gehöre und alles gut wird.

Der Hochzeitszug geht zum Haus meiner Schwiegermutter, wo ich eine Woche bleiben muss. Ich bin immer noch weiß verschleiert. Die Frauen begleiten mich singend auf meinem Weg ins Unbekannte.

»Du wirst lange mit deinem Mann zusammen sein, Gott soll euch behüten und euch viele Kinder schenken!«

Meine Mutter bildet die Nachhut, sie schüttet Wasser auf den Weg und sieht zu, wie ich weggehe.

Mein neues Leben unterscheidet sich nicht so sehr von meinem bisherigen Dasein. Ich wohne nur wenige Kilometer von meinem alten Zuhause entfernt. Morgens stehe ich auf und fege, so wie ich es auch bei meinen Eltern gemacht habe. Meine neue Familie ist ganz nett. Ich sollte so lange wie möglich im Haus bleiben, um auf eine lange Ehe hoffen zu können, doch manchmal nimmt mich meine Schwiegermutter mit auf den Markt. Ich lerne neue Leute kennen, und sie scheinen sich zu freuen, dass ich nun zur Familie gehöre. Manche sagen sogar: »Wenn du meinen Bruder liebst, ist es, als würdest du auch uns lieben.« Sie sagen, es sei mutig gewesen, dass ich trotz aller Komplikationen vor der Hochzeit mein Wort gegenüber meinem Mann gehalten hätte. Diesen Mut habe ich bestimmt auch wegen meiner Mutter gefunden.

Ich muss wieder zur Schule gehen, immer noch in die staatliche Schule. Kaum komme ich in die Klasse, sticheln sie auch schon: »Ach, du gehst in die Schule, obwohl du jetzt verheiratet bist? Warum machst du das? Meinst du, die Schule bringt dir etwas?« Ich dachte, wenn ich verheiratet bin, wäre ich weniger empfindlich, aber diese Worte verletzen mich genauso wie früher.

Nach einer Woche ist meine Aussteuer immer noch nicht vollständig. Das nötige Geld für die Einkäufe ist nicht gekommen, und anstatt für das große Fest zu meinen Eltern zurückzukehren, muss ich noch weitere acht Tage bleiben. Ich darf meine Eltern zwar nicht sehen, aber meine Mutter kommt mich heimlich besuchen. Ich bin froh, dass sie da ist. Ich würde ihr gern alles erzählen, will einfach mit ihr zusammen sein. Sie sieht so müde aus und sagt, es gehe ihr schlecht. Sie hat überhaupt nichts mehr, sie weiß wirklich nicht, woher sie das Geld nehmen soll, um meine Geschwister zu ernähren. Ich versuche sie aufzumuntern und zu trösten, und am Ende gebe ich ihr einen Teil des Geldes, das ich bei der Feier von meinem Schwager bekommen habe. Ich freue mich, dass ich etwas für sie tun kann. Bald kann ich wieder heimgehen und ihr helfen.

Im Lauf der zweiten Woche kommt das Geld, man stellt meine Aussteuer zusammen. Meine Schwiegermutter packt Koffer mit afrikanischen Kleidern und *bazins*, Seife, Shampoo, Körpercreme, Haarspülung, einen Teppich und Gebetstücher.

Als der besagte Tag dann kommt, flicht man meine Haare und steckt Banknoten hinein. Ich kann wieder zurück zu meiner Mutter.

Zu Hause findet das große Fest statt, das ich und meine Mutter ausrichten. Es kommen viele Gäste. Der ganze Hof ist voller Menschen in Festtagskleidern. Alle meine Freundinnen sind da, ihre Familien, die Nachbarn, die Partner meines Vaters. Wir essen, singen, tanzen. Ich bin stolz, weil alle meinetwegen gekommen sind. Es gibt keine weißen Kleider und auch keinen Mann, aber das macht nichts, die Stimmung ist bestens. Meine Freundinnen sind neugierig auf die Schätze in meinen Koffern. Ich öffne sie vor allen Gästen und breite den Inhalt aus. Bei jedem neuen Gegenstand ertönt ein Schwall von Ausrufen:

»Ist das aber schön!«

»Cremes aus Holland!«

»Hat sie ein Glück!«

»Das ist in diesem Jahr die erste Hochzeit im Viertel, das bringt allen Mädchen Glück!«

Ich bin glücklich. Das Fest war ein Erfolg. Meine Brüder haben sich nicht gestritten, die Fleischklößchen waren gut, und meine Mutter hat sogar getanzt.

12. KAPITEL

Mein Mann ruft aus Holland an. Mitunter komme ich ziemlich spät nach Hause, wenn ich im Viertel unterwegs bin. Alle rügen mich, die Frauen schimpfen:

»Schämst du dich nicht? Dreimal hat dein Mann schon angerufen. Meinst du, er hat nichts anderes zu tun, als dich anzurufen? Du gehst zu oft aus. Ist dir denn nicht klar, dass dein Mann viel auf Reisen ist und keine Zeit hat, ständig zu telefonieren?«

Andere sagen: »So eine Schande! Ein Mädchen wie du, das sich herumtreibt und nicht zu Hause ist, wenn der Mann anruft!«

Bei meinen Eltern wurde das Telefon abgestellt, also warte ich manchmal stundenlang bei den Nachbarn darauf, dass es klingelt. Doch danach will ich ausgehen. Trotzdem telefoniere ich regelmäßig mit meinem Mann, und er beschwert sich nie, wenn ich mal nicht da bin.

Mein Vater spricht mit meinem Mann, um meine Reise nach Holland zu organisieren. Ich brauche einen Pass, eine Kennkarte, ein Visum und ein Flugticket. Die Behördengänge sind kompliziert und langwierig. Erst nach acht Monaten ist alles erledigt. Mein Schwager kommt oft und sagt uns, was wir tun müssen. Er erklärt meinem Vater, dass es für Holland erforderlich sei, mein Geburtsdatum zu fälschen. Mein Vater begreift nicht, warum wir lügen müssen, warum ich als verheiratete Frau nicht das Recht haben soll, zu meinem

Mann zu ziehen. Erst weigert er sich, doch dann lässt er sich von diesem Mann überzeugen, der weiß, wie es in Europa läuft.

Ich kümmere mich nicht um diese Dinge. Ich muss in der Stadt nur auf verschiedene Ämter gehen und in meinem schlechten Französisch immer das Gleiche sagen: »Ich bin einundzwanzig Jahre alt. Mein Mann lebt in Holland, und ich möchte zu ihm ziehen.« Ich habe Angst, man könnte mir mein Alter nicht abnehmen, aber man stellt uns nie Fragen.

Die Einladungen kommen per Post aus Holland. Mein Schwager liest sie meinem Vater vor, der unbedingt wissen will, was da steht. Es ist ein unerlässliches Dokument, ohne das niemand von hier nach Holland einreisen kann, auch nicht mit einem Touristenvisum. Wir erfahren also, dass die Frau meines Mannes mich eingeladen hat, zu ihm zu ziehen. Mein Bruder ist auch eingeladen, mein Vater freut sich so sehr, dass er gar nicht merkt, dass eine Frau, die denselben Namen trägt wie mein Mann, die Papiere unterschrieben hat. Ich jedenfalls finde das komisch.

Ich verstehe nicht, wieso mein Bruder eine Einladung bekommen hat, und erfahre, dass dies eine Bedingung für die Heirat war. Ich komme mir vor wie Wechselgeld, wie ein unbedeutender »Zusatz«, der einwilligt, sein Leben lang einem Mann zu dienen, damit der Bruder in Europa studieren kann. Ihm dagegen hilft mein Vater. Jeden Tag fährt er seinen Sohn mit dem Auto zu diesem oder jenem Amt. Er geht mit ihm überallhin, denn er, mein Bruder, hat die Universität besucht. Mein Vater glaubt an ihn, weil er ein Mann ist – aber für mich lohnt sich die Mühe nicht, nein. Ich habe meine Papiere und das Geld für die Behördengänge in seinen Schrank gelegt. Es interessiert ihn nicht. Selbst die Einladungen, kaum hat er sie gelesen, sind ihm egal. Doch bei meinem Bruder ist alles anders: Er ist ein Junge und dann auch noch der Sohn der Erstfrau!

Alle gehen davon aus, dass ich kein Visum für Holland bekomme. Also beschließe ich, meine Bemühungen auf die einzelnen Schritte zu konzentrieren, um es zu schaffen und allen Verpflichtungen nachzukommen. Zuerst beantrage ich einen Pass. In Begleitung meines Vaters – das erste und einzige Mal, dass er dabei ist – lasse ich Passfotos machen, mich messen und meine Fingerabdrücke nehmen, um eine Kennkarte zu bekommen. Nachdem mein Vater mein Geburtsdatum gefälscht hat, muss ich alleine zurechtkommen.

Am besagten Tag ziehe ich Kleider an, die ich meiner Mutter mit dem Geld dieses Mannes gekauft habe, um aufs Amt zu gehen. Ich muss mich so verhalten, als sei ich sieben Jahre älter, als ich in Wahrheit bin. In einem langen, damenhaften Kleid verlasse ich das Haus, ich versuche, mich zu konzentrieren und mich so zu benehmen, als verliehen mir die Kleider nicht nur ein anderes Aussehen, sondern auch eine andere Persönlichkeit: reifer, entschlossener, selbstsicherer. Ich muss meine Lüge vor diesen Leuten vertreten – vor richtigen Erwachsenen, die an alle möglichen Tricks gewöhnt sind. Ich gehe also schnell, mit erhobenem Kopf, und sehe den anderen fest in die Augen. Ich muss die Beamten davon überzeugen, dass ich ein Visum brauche. Europa erwartet mich. Mein Mann erwartet mich.

Als ich die Behörde betrete, bekomme ich wie schon am Tag meiner Hochzeit einen Stich ins Herz – das Gefühl, dass mein Leben sich radikal verändern könnte, wenn ich mich klar und deutlich ausdrücke. Dafür muss ich alles vollständig aufgeben, was ich mit meiner Heiratseinwilligung hinter mir gelassen habe: mein extrem jugendliches Alter, meine vierzehn Jahre. Doch ich glaube, es ist mir gelungen, älter zu wirken.

Und eines Morgens ist mein Pass fertig, ich muss ihn nur noch abholen. Die erste Etappe habe ich erfolgreich gemeistert – die Lüge in Bezug auf mein Geburtsdatum wurde nicht aufgedeckt. Jetzt bin ich also eine erwachsene Frau und kein Kind mehr; meine Papiere beweisen es. Endlich habe ich einen Pass!

Gerade ist ein sehr anstrengender Monat zu Ende gegangen. Gott steht mir wahrlich bei, denke ich, als ich meine Koffer für Europa packe. Von allen Erwachsenen und Kindern meiner großen Familie bin ich die Auserwählte, ich, das Landei! Nur mir scheint das Leben zuzulächeln, mir scheint die Jugend Zeichen und Wunder zu versprechen. Ich werde den großen Sprung in den Westen machen. Für die Kleine vom Stamm der Peul wird das Leben ein Traum! Ich sehe meine Verwandten an, einen nach dem anderen, vor allem meine Mutter, für die jeder Tag eine fürchterliche Qual ist, und ich gehe in mich: Ja, man hat mich in die Arme eines älteren Mannes getrieben – aber um mich und meine Familie zu retten. Wie kann ich nur an meinem Schicksal zweifeln, das mich beschützt? Bald werde ich literweise holländische Milch trinken, bald werde ich leben wie eine Europäerin. Was sind dagegen schon die kleinen Ängste, die mir mehrmals am Tag die Brust zuschnüren? Ich muss mich fertig machen zum Aufbruch. Ich muss mich über mein Glück freuen, und ich freue mich auch. Doch wenn ich an den Graben denke, den ich bald überspringen muss, an die vielen Kilometer, die mich von meinem Viertel und meinem Land, von meinem Klima, meinen Gewohnheiten und allem Vertrauten trennen, dann krampft sich mein Herz zusammen. Und wenn ich daran denke, dass ich eine verheiratete Frau bin, die bald von ihrem Mann abhängig sein wird, fühle ich mich auch nicht sehr wohl in meiner Haut. Doch zur Beruhigung sage ich mir dann: Ich werde einen Mann haben, der so alt ist wie mein Vater, ja, aber er will mich, die kleine Vierzehnjährige, bei sich in Holland haben, er will mir alles schenken, was ein Mann seiner Frau überhaupt geben kann. Und ich hoffe auch, dass ich in Europa in diesem zweifelhaften Stand einer verheirateten Frau besser geschützt bin als in Afrika.

Die Vorbereitungen laufen auf Hochtouren – Impfungen, Besorgungen, Behördengänge. Der Countdown läuft. Auch bei meiner Mutter steigt die Spannung. Nach und nach zeichnet sich immer stärker ab: Ich werde gehen. Mir fällt es schwer, sie zu verlassen, um eine Frau zu werden. Es ist hart zu gehen, wo sich meine Mutter doch nie vorstellen konnte, dass ihr so etwas passiert. Und dann ist da das Haus … Es ist immer schwer, die Heimat zu verlassen, doch in diesem Fall spüre ich, dass es für immer ist. Ich ziehe nicht nur in ein anderes Viertel oder in den Busch, ich gehe, ich gehe weit weg, ans Ende der Welt, nach Europa, wo das Leben leicht ist und wo man nie hungern muss. Ich gehe in ein raues Klima, doch das Leben dort ist süßer als unsere afrikanische Sonne. Ich gehe zu Menschen, die ich nicht kenne. Ich bin eine junge Frau, die zu ihrem Mann zieht und sich um nichts weiter kümmern muss – es ist ein Märchen im Gegensatz zum Leben meiner Mutter, die von morgens bis abends mit ihrer Sorge, Nahrung für die Kinder zu besorgen, allein ist.

Ich weiß auch, dass ich diesen Mann genommen habe, weil meine Mutter es so wollte. Sie wollte, dass ich mein Leben an der Seite eines Mannes verbringe, der so alt ist wie mein Vater.

Mein Vater hat sich durch meine bevorstehende Abreise völlig verändert. Er ist grob zu mir, schimpft mich eine Hure, beleidigt mich: »Ich weiß nicht, ob du dir darüber im Klaren bist, welche Sippe du lieben wirst. Du wirst schon sehen! Mit diesem Mann kann es nicht gut gehen. Seine Sippe ist nicht gut ...«

Ich weine und gehe natürlich zu meiner Mutter.

Eines Freitags kommt der Onkel meines Mannes und verkündet, dass wir am Sonntag abreisen. In Mali besorgen wir zusammen Tickets und Visa, denn bei uns gibt es keine holländische Botschaft. Wie manche afrikanische Männer ist auch der Onkel ein feiner, gebildeter und schüchterner Mann. Ich finde ihn sehr nett.

»Ach, wir reisen also zusammen!«, sage ich und sehe ihn an. Gleich gibt es ein Geschrei: »Klar, er ist toll, der Onkel deines Mannes! Und wie schön er ist!«

»Hört doch mit diesem Gerede auf!«, sage ich.

Und in der Tat, je besser ich die Familie meines Mannes kennen lerne, desto lieber mag ich sie. Die Leute sind nett und machen sich nie über andere lustig.

Der Schneider hat meine neuen Kleider fertig, meine Mutter hat mir Cremes und Shampoo gekauft, sie nimmt es mit den Reisevorbereitungen sehr genau. »Du musst alles bei dir behalten. Pass auf deinen Koffer auf und höre auf den Onkel deines Mannes. Du kannst nicht einfach machen, was du willst.«

In meinem Koffer sind weiße Kleider, die nach der ersten Nacht mit meinem Mann meine Jungfräulichkeit beweisen sollen.

»Du kannst sie hierlassen, ich glaube kaum, dass du ein Visum bekommst. Ich spüre, dass du zurückkehrst«, sagt sie.

Doch der große Moment kommt. Plötzlich stehe ich vor den Frauen meines Vaters. Ich verabschiede mich von ihnen, von allen.

Am Schluss gehe ich zu meinem Vater und sage: »Auf Wiedersehen.«

Er erwidert: »Auf Wiedersehen und viel Kraft, viel Glück.«

Diese wenigen Worte sagt er ganz leidenschaftslos, auch er ist überzeugt, dass ich kein Visum bekomme. Alle seine Freunde haben es schon versucht, keiner hat es geschafft, keiner hat das Land verlassen, also …

In Wirklichkeit beneiden mich alle. Meine Mutter rät mir: »Hör auf niemanden, nur auf den Onkel deines Mannes.« Und dann sagt sie mit fester Stimme zu diesem Mann: »Ich überlasse Ihnen mein Kind. Sorgen Sie für sie, und wenn sie nicht gehorcht, dann rufen Sie gleich an und benachrichtigen mich. Aber ich vertraue ihr und hoffe, dass sie nicht ungezogen ist.«

»Keine Sorge, wir verstehen uns bestimmt gut, ich mag keine Kapriolen und sie wohl auch nicht. Seit ich hier bin, war sie immer nett zu mir. Ich denke, wir kommen gut miteinander aus.«

So fahren wir in den Stadtteil Madina, von dort geht es weiter nach Mali. Die Verwandten begleiten uns, ich drücke ihnen die Hand. Wir kaufen Tickets für die Fahrt mit dem Minibus. Trauer und Aufregung überwältigen mich. Manchmal ist man so traurig, dass man nicht mal weinen kann, die Tränen kommen einfach nicht. Der Körper reagiert anders als das Herz. Ich bin traurig, aber ich weine nicht.

»Du weißt, dass wir uns, wenn ich dich gleich verlasse, zum Abschied die Hand geben – es ist nicht so wie sonst«, sagt meine Mutter. »Egal, ob die linke oder die rechte, jedenfalls werden wir uns die Hand drücken. Und wenn ich gehe, darfst du dich nicht umdrehen, sonst kann es sein, dass wir uns nie wiedersehen.«

Meine Mutter ist gläubig, daher gibt sie etwas auf so einen Aberglauben: Wenn ich mich im Moment des Abschieds umdrehe, werden wir uns niemals wiedersehen … Ich will an diesem Tag nicht mit ihr streiten, es sind die letzten Minuten, die wir noch zusammen verbringen, bevor sich mein Leben verändert, die letzten Minuten, die vierzehn Jahre mütterlichen Zweifel auslöschen sollen. Ich durchlebe mit ihr den letzten Abschnitt meiner Jugend, denn so viel steht fest: Wenn wir uns wiedersehen, werde ich schon eine Frau und, wer weiß?, vielleicht sogar selbst Mutter sein. Also höre ich auf ihre letzten Ratschläge. Ich hänge an ihren Lippen. Mich schaudert.

Meine Mutter fährt fort: »Wenn du ein Visum bekommst, kehrst du nicht mehr zurück. Schade. Doch wenn du kein Visum bekommst, kommst du zurück, und das wäre auch schade. Keine Sorge, dein Mann tut alles, damit du eines bekommst. Wenn du jetzt abfliegst, tut er alles für dich.«

Ich höre nur zu, ich sage nichts.

»Amen. Gott sei mit dir. Er wird dich auf deinem Weg begleiten. Du bist unschuldig und harmlos wie ein Kind. Möge Gott dir das beste Leben schenken, das du dir wünschst.« Mit diesen Worten will sie mich beruhigen. »Weißt du, du sollst ein anderes Leben haben als das, das ich friste. Geh und versuch, dich mit deinem Mann zu verstehen. Wenn du mit ihm lebst, darfst du keine anderen Männer anschauen. Du darfst ihn nie betrügen.«

Ich sauge diese letzten Worte auf. Ehrlich, was ich gerade gehört habe, hat mich traurig gemacht, so traurig … Wir geben uns die Hand. Ich darf mich nicht mehr nach ihr umdrehen und sie von hinten sehen, und ich tue es auch nicht.

Doch plötzlich, einem Impuls folgend, rufe ich: »Komm! Nimm mein Taschengeld. Komm zurück, Mama!«

»Aber warum?«

»Du musst mein Taschengeld nehmen. Ich lasse dich mit den Kindern allein. Mach dir keine Sorgen, ich gehe nach Europa, ich weiß, dass ich ein Visum und ein Ticket bekomme. Und du musst einfach so, mit leeren Händen, gehen.«

»Behalte dein Geld.«

»Nein, ich bitte den Onkel meines Mannes, er hat Geld.«

Bei uns gibt es keine Berührungen, man darf sich nicht umarmen oder anschmiegen, wenn man aufgewühlt ist. Das gibt es nicht. Man darf auch nicht weinen, nichts. Ich gebe ihr das Geld und sage:

»Sorge für deine Kinder, Mama, sei immer so, wie du warst. Suche keinen Streit mit den anderen. Keine Sorge, ich tue alles, was nötig ist, damit ich mich mit diesem Mann verstehe, den ich nicht kenne.«

Sie fängt an zu weinen. Am Ende ist sie mir so nahe, dass sie nicht mehr weggehen kann.

»Nein, ich muss bleiben, solange du noch da bist«, sagt sie.

Dieses Bild von meiner Mutter habe ich sehr lange im Herzen getragen. Es war ein Tag der Tränen, die nur in meinem tiefsten Inneren geflossen sind.

Wieder gibt mir meine Mutter die Hand, sie geht weg, und dieses Mal drehe ich mich nicht um, ich rufe sie nicht, ich rühre mich nicht. Fünfzehn Minuten lang sitze ich reglos da und starre vor mich hin, zum ersten Mal in meinem Leben mit einer unerschütterlichen Ruhe.

Wir fahren mit dem Minibus von Conakry nach Mali. Drei Tage Fahrt, dann nehmen wir das Flugzeug.

Es ist Regenzeit. Regelmäßig gibt es Gewitter. Die Straßen sind schlecht und werden immer holpriger; wegen der vollgelaufenen Spurrillen muss der Wagen ständig ausweichen. In den Ballungsräumen und auf den wenigen Trassen herrscht fast immer dichter Verkehr. Die alten Autos kommen schlecht voran. Wir fahren durch die Sahara. Fast Stoßstange an Stoßstange krachen die Wagen einer nach dem anderen in riesige Schlaglöcher und schießen dann wieder in einer Fontäne aus schlammigem Wasser heraus, das auf die Windschutzscheibe des nachfolgenden Fahrzeugs spritzt. Man muss auch alle möglichen Defekte hinnehmen. Unser Wagen geht kaputt, er bleibt stehen. Was tun? Wir stecken im Straßengraben fest, müssen aussteigen und schieben. Man sagt zu mir: »Auch du musst schieben.« Ich kann nicht schieben, ich will nicht, ich will nur ans Ziel kommen. Ich kann nicht mehr. Doch alle helfen mit, auch ganz Fremde packen bereitwillig mit an. »Los! Alle zusammen, und los!« Der Wagen kommt wieder in Gang, wir springen hinein und hoffen, dass es hält. Drei Tage lang wiederholt sich das Dutzende Male. Dann zwingt uns eine wirklich schlimme Panne zu einem längeren Aufenthalt in einem Dorf, wo wir darauf warten, dass das kaputte Teil ersetzt wird. Nachts schlafe ich zusammen mit einem anderen Mädchen im Wagen. Die Männer legen sich auf die Tische der Marktstände. Zum Glück gibt es einen Bach, wo wir uns waschen können. So vergehen die Tage. Schließlich kommt der Onkel mit dem fehlenden Ersatzteil aus dem nächsten Ort, und dieser eigenartige Zug von Dorf zu Dorf, von Wald zu Wald geht weiter … Endlich erreichen wir die Grenze von Mali.

Wir werden systematisch kontrolliert und gefilzt. Man will unsere Ausweise sehen. Immer wieder müssen wir die Papiere herausholen und vorzeigen. Die Atmosphäre ist gespannt. Wir müssen alles aus dem Wagen laden, die Pakete werden geöffnet und durchsucht, die Pässe überprüft, die Wagenpapiere genauestens begutachtet. Man darf sich nicht den kleinsten Fehler erlauben. Doch sie finden einen: Es stellt sich heraus, dass der Fahrer den Wagen, mit dem wir unterwegs sind, gestohlen hat. Er wird verhaftet. Wir finden eine andere Fahrgelegenheit und setzen die Reise ohne ihn fort. Als ich mein Land, Guinea, verlasse, ist es dunkel. Schwärzeste Nacht.

Um zwei Uhr morgens passieren wir die Grenze nach Mali. Hier scheint alles anders zu sein. Selbst mitten in der Nacht brennen überall Lichter und Ampeln, die den Verkehr regeln. Dieser fremde Ort imponiert mir. Wir nehmen ein Taxi zur niederländischen Botschaft und fragen nach Sal, dem Kontaktmann, der sich von Anfang an diskret für uns eingesetzt hat. Der Wärter sagt, Sal sei nach Hause gegangen, bietet uns aber an, in den Sesseln zu schlafen. Und hier in diesem üppig ausgestatteten Zimmer des Botschafters bekomme ich einen ersten Eindruck von Europa – der Duft eines anderen Lebens, als wäre ich auf einem anderen Planeten gelandet, einem Planeten, von dem ich geträumt habe, den ich aber nicht kannte und den ich nun noch schöner finde als in meinen Träumen. Die holländische Botschaft ist das Paradies. Das Leben in Conakry ist schon weit weg.

Der Onkel betet die ganze Nacht, er hat große Angst, dass wir die Visa nicht bekommen.

Am Morgen stehen wir früh auf, damit wir weg sind, wenn der Botschafter kommt. Sal erklärt uns, was wir noch erledigen und wie wir vorgehen müssen. Wir müssen Fotos machen lassen und sie zusammen mit den Formularen abgeben, die ich unterschreiben muss. Es ist die zweite Unterschrift meines Lebens.

Sal sagt: »Keine Angst, ihr bekommt eure Visa, die Chancen stehen fünfzig zu fünfzig.«

Und wäre die Chance auch nur eins zu zwei – ich bin hoffnungsfroh. Ich bin nicht hierhergekommen, um zu scheitern.

Ich rufe meine Mutter an, erzähle, dass ich auf der Fahrt gedacht habe, ich müsse sterben, und dass ich noch nichts in der Hand habe, schon gar kein Visum. Sie bekommt Panik. Schon bereue ich, dass ich ihr das gesagt habe. Ich wollte, dass sie mich beruhigt, aber ich weiß, dass ich Dinge durchlebe, die ihr fremd sind. Ich will nicht, dass sie sagt, ich soll zurückkommen. Ich muss stark sein für sie, also versuche ich nun meinerseits, sie zu beruhigen: »Keine Sorge, Mama, es wird alles gut, bisher hatten wir Glück, und bei der Botschaft werden wir auch Glück haben.«

Unsere Zukunft liegt in den Händen anderer Leute. Doch das Glück lacht, Sal ruft an. »Wir haben die Visa!« Ich kann es kaum glauben.

Gleich rufe ich meine Mutter an, damit sie unsere Freude teilt. »Du wirst es nicht glauben – wir haben es! Das Visum!« Sie sagt eine Weile gar nichts, Schweigen in der Leitung, dann: »Was?«, ruft sie dreimal hintereinander aus. Und ich sage immer wieder: »Wir haben die Visa!«

Doch dann kommen wieder die Zweifel. Sie begreift immer noch nicht, dass ihre Tochter nun nach Europa reist. Sie versichert mir, dass sie niemandem etwas sagt, bevor ich nicht im Flugzeug sitze. »Dein Vater wollte dich nicht begleiten und dir nicht helfen, also sage ich ihm auch nicht, dass du ein Visum hast.«

Ich nehme es ihr nicht übel. Dass sie mir nicht glaubt, ist ihre Art, jedem meiner Schritte zu folgen und mich zu beschützen.

Sal sagt, wir müssten nun Flugtickets kaufen. Zu dritt fahren wir zum Flughafen und kaufen mit den Touristenvisa, die drei Monate gültig sind, zwei Hin- und Rückflugtickets.

Plötzlich die Stille. Bammel. Die Würfel sind gefallen, ich kann nicht mehr zurück. Einerseits bin ich glücklich, anderseits weiß ich nicht, wie ich mit dem Leben zurechtkommen werde, das sich mir nun öffnet. Der Onkel spricht nur von Allah, er geht ganz in Gott auf, ist von ihm durchdrungen, für ihn gibt es nur noch diesen einen Gedanken, diesen Glauben: »Gott ist mit uns, er hilft uns, dank ihm haben wir jetzt Visa und Tickets.«

An einem Donnerstag verlassen wir Mali. Sal bringt uns zum Flughafen.

Ich fliege zum ersten Mal, der Onkel auch. Wir wissen nicht viel darüber, nur dass es eine große Maschine ist, eine Art Riesenvogel, der über Länder und Meere fliegt und seine Passagiere überallhin bringt. Das Recht zu fliegen ist mit dem Recht auf ein neues Leben verbunden, ein reicheres, fröhlicheres, leichteres Leben. Das Flugzeug ist die Brücke zu einem anderen Schicksal. Sal verlässt uns vor der Abflughalle, er schlägt meinem Onkel auf den Rücken: »Also, gute Reise, Hals- und Beinbruch!« Er hat seine Sache gut gemacht und uns bis zum Schluss begleitet. »Gebt Bescheid, wenn ihr in Holland gelandet seid«, fügt er hinzu.

Bis zum letzten Moment versuchen wir fieberhaft, Ordnung in unser Gepäck zu bringen, aber es ist ein Geduldsspiel. Wir haben so viele Sachen, dass es unmöglich ist, sinnvoll zu packen. Ich stopfe die Ecken meiner Taschen aus, so weit es noch geht, mehr Platz gibt es nicht. Meine Kleider und meine Frauensachen sind reisefertig; ich sehe sie noch einmal durch, während ich brav warte, bis man uns aufruft. Dann sehe ich durchs Fenster in der Ferne ein Flugzeug stehen, zum ersten Mal sehe ich eine Maschine in voller

Größe. Wir gehen die Treppe hinauf. Letzte Passkontrolle, wir sind durch. Wir müssen die Koffer aufgeben, die Taschen nehmen wir als Handgepäck. Ich muss meine Tasche öffnen, sie ist mit einem Vorhängeschloss versehen, und ich kann den Schlüssel nicht finden. Ich bekomme Panik. Schon sehe ich vor mir, wie ich wieder in mein Land zurückgeschickt werde, wo wir doch noch nicht einmal im Flugzeug sind! Ich atme tief durch, um mich zu beruhigen, und suche den Schlüssel. Der Onkel sieht mich an, verfolgt schweigend jede Bewegung. Die Stimmung ist gedrückt. Kein Schlüssel. Die Wachen brechen das Schloss auf und kontrollieren den Inhalt meiner Tasche. Ich bekomme die Bordkarte; ich habe zwar nichts Böses getan, doch ich fühle mich so schuldig wie noch nie in meinem Leben. Als ich die Gangway hinaufgehe, habe ich bei jedem Schritt das Gefühl, meine Beine geben gleich nach. Der Onkel hingegen bleibt gelassen, ich höre ihn sagen: »Gott ist groß!« Und dann: »Meine Mutter hat in ihrem Leben noch nicht einmal ein Flugzeug gehört – und ich steige heute in eine Maschine!« Ich glaube, er ist glücklicher als ich.

Man weist uns die Plätze in der ersten Reihe zu. Das ist ein Zeichen: die ersten Plätze. Man gibt uns blaue Decken. Wir müssen uns setzen und anschnallen. Eine Frau geht zu den Passagieren, die noch nie geflogen sind, und erklärt ihnen, wie sie sich verhalten müssen. Viele wissen es nicht. Der Onkel sieht durchs Bullauge und will es aufmachen. Die Stewardess sagt: »Nein, das kann man nicht öffnen.«

Wir verlassen Mali. Ich lasse mein erstes Leben hinter mir. Mir tun die Ohren weh, ich höre nichts mehr, ich fühle mich ganz komisch, mein Kopf ist schwer, bleiern … Der Onkel beugt sich zu mir: »Siehst du, im Leben musst du Geduld haben, und du musst du selbst sein.«

Die Zeit vergeht, ich muss auf die Toilette, aber ich weiß nicht, ob es im Flugzeug eine gibt. Ich warte und warte. Dann serviert man uns merkwürdiges, fremdartiges Essen und Limonade. Wir denken: »So etwas essen die Weißen. Das mögen wir nicht.« Wir bitten um Wasser, man bringt uns Mineralwasser. Der Onkel sagt immer wieder: »Meine Mutter hat viel für meinen Vater gearbeitet. Und heute zahlt es sich aus!« Damit meint er, dass er ohne seine Mutter niemals hier in diesem Flugzeug säße.

Wir sehen aus dem Fenster. Es ist Nacht; das ist schön, irgendwie magisch. Die Zwischenlandung in Brüssel rückt näher, die Lichter funkeln unter uns, dieses Glitzern ist so wunderbar, dass man es kaum glauben kann.

Meine Nachbarin sagt: »Ich träume wohl. Oder bin ich wach? Meinen Sie, ich schlafe?«

Ich beruhige sie. »Nein, Sie träumen nicht. Wir sind nun in Europa.«

Der Onkel ist unruhig, er steht auf, geht umher, setzt sich wieder, liest im Koran. Auch ich sage zur Beruhigung die Suren auf, die ich kenne, und überlege, was wir noch zu erledigen haben. Ich weiß nicht, was uns erwartet, ich weiß nur, dass wir in Belgien zwischenlanden müssen. Es dürfte keine Probleme an der Passkontrolle geben, wir müssen ja in ein zweites Flugzeug umsteigen, wir müssen es erreichen, es muss starten … Ich ziehe meine Schuhe an und mache mich fertig.

Wir laufen durch die Gänge des Brüsseler Flughafens zu einem Bus, der uns zur nächsten Maschine bringt. Ein Mann, der genauso beladen ist wie wir, hilft uns. Er treibt uns an: »Schneller, wir sind gleich da!« Wir kommen gerade noch rechtzeitig, steigen in den Bus und zeigen unsere Tickets vor. Der Bus hält vor dem Flugzeug, es ist kleiner als die erste Maschine. Als ich meinen Platz suche, sehe ich mich um – viele Weiße. Mehr Weiße als Schwarze. Der Onkel flüstert mir zu: »In diesem Flugzeug sind nur wenige Schwarze, es riecht nach Europa, wir treffen schon auf Europäer!« Dann kündigt die Stewardess auf Englisch und auf Holländisch die bevorstehende Landung in Amsterdam an.

Das Flugzeug ist gelandet, wir müssen unser Gepäck holen. Ich und der Onkel beobachten, wie die Weißen auf einem Rollband gehen, und versuchen, ihnen zu folgen, doch wir fallen gleich hin. Wir stehen wieder auf, doch beim nächsten Schritt fallen wir erneut, zusammen mit unseren Taschen, ich zur einen Seite, der Onkel zur anderen. Unsere Blicke treffen sich, wir fallen und lachen und stehen wieder auf. Die Leute lachen sich halb tot über uns. Dörfler in der Großstadt!

Der Onkel beugt sich zu mir und fragt: »Wie schaffen es die Leute nur, auf diesen Bändern zu gehen?«

Eine Dame hilft mir auf und erklärt: »Sie gehen in die falsche Richtung. Sie müssen das andere Rollband nehmen.« Sie spricht Holländisch, doch ich verstehe sie, weil sie Gesten gebraucht, um zu unterstreichen, was sie meint.

Wir holen unser Gepäck und gehen weiter durch die Gänge. Ich trage Schuhe mit Absätzen, langsam macht sich die Müdigkeit bemerkbar. Wir suchen den Ausgang. Der Onkel kann lesen, ich nicht. Wir bitten die Leute um Hilfe, doch sie haben es eilig, und wir verstehen ihre Sprache nicht.

Plötzlich stehen wir vor einer riesigen Glastür. Dahinter warten die Leute, die Passagiere abholen wollen.

Der Onkel sagt: »Sieht so aus, als wäre dein Mann da hinter der Scheibe.« Ich suche ihn. Ja, ich sehe einen Mann, der uns zuwinkt. »Ja, er ist es«, sagt der Onkel. Ich sehe diesen Mann an, er ist gut gekleidet, er trägt ein blaues Jackett, aber ich erkenne ihn einfach nicht wieder. Ich habe ja höchstens zwei Stunden in seiner Gesellschaft verbracht. Wie sehr habe ich auf diesen Augenblick gewartet! Ich wusste doch, dass er uns abholen würde. Wenn ich ihn so hinter der Scheibe sehe, erkenne ich in ihm nicht den Mann wieder, der freundlich mit mir am Telefon geplaudert hat. Ich hatte ein vages Bild eines Mannes im Kopf, nun stehe ich vor der Wirklichkeit.

Ich flüstere dem Onkel ins Ohr: »Das ist verrückt! Ich habe das Gefühl, er ist es gar nicht.«

Er sagt: »Aber er ist es! Er heißt Ousam. Das ist dein Mann, der Mann, der dich geheiratet hat!«

Ich bin schwer zu überzeugen. »Ja … Aber es ist, als … als habe er sich verändert.«

Ich weiß nicht, ob es an seiner europäischen Kleidung liegt, aber er sieht so anders aus als der Mann, der sich vor einem Jahr auf der Treppe vor dem Haus meines Vaters mit mir unterhalten hat.

Wir gehen auf ihn zu, er gibt mir die Hand. Ich kann meine Unsicherheit nicht verbergen. »Sind Sie es wirklich? Sie haben sich so verändert … Haben wirklich Sie mit mir telefoniert?«

»Aber natürlich bin ich es. Warum sollte ich mich verändert haben? Vielleicht bin ich schöner geworden!«

Dieser Mann, und alles um ihn herum, macht mir Angst. Ich weiß nicht, was ich sagen soll, wohin ich blicken soll. Der Flughafen ist so groß, so sauber, so bunt mit all den Werbeplakaten. Der Onkel und ich sind verblüfft. Nur beleuchtete Schaufenster um uns herum.

Mein Mann sagt: »Man kann sich nicht sattsehen, was? Es gibt hier nur solche schönen Sachen, so etwas habt ihr noch nicht gesehen!«

Er wirkt so vertraut mit dieser unglaublichen Umgebung, und ich fühle mich ganz fehl am Platz, klein und unwissend. Mein Mann findet es amüsant, dass wir so beeindruckt sind.

Dann dreht er sich plötzlich um und sagt ernst: »Wir müssen Gott danken, dass er mit euch war. Ich habe jetzt meine Frau, meinen Onkel. Heute bin ich ein glücklicher Mann.«

Vor zehn Stunden haben wir Mali verlassen. Und hier treffe ich nun meinen netten, ein wenig spöttischen Mann. Ich bin in einer anderen Welt. Jetzt müssen wir nur noch eine kurze Bahnfahrt nach Rotterdam hinter uns bringen. Ich bin gespannt auf mein neues Zuhause. Ich will alles ganz genau sehen, doch meine Lider sind schwer. Die Landschaft zieht verschwommen vorüber. Überall stehen kleine Häuser, sie sind hübsch und so sauber. Ich stelle mir vor, dass eines dieser Häuser mir gehören wird.

13. KAPITEL

Am Bahnhof nehmen wir ein Taxi nach Hause. Wir halten in einer Straße mit imposanten Häusern. Mein Mann sagt, hier wohne er. Als wir das Gebäude betreten, werfen der Onkel und ich uns am Fuß der Treppe, die wir hinaufsteigen müssen, einen Blick zu. Für uns ist das verrückt – wir hätten uns nie vorstellen können, dass es Häuser mit so vielen Stockwerken gibt.

In der dritten Etage bleiben wir vor einer massiven gelben Tür mit einem kleinen Loch stehen. Zuerst sehen wir einen Teppich auf dem Boden. Innen, gegenüber dem Eingang, ist ein Zimmer, dann noch eins und ein Bad. Daneben die Toilette. Eine weitere Tür, und wir stehen im Wohnzimmer mit Couchtisch, Sessel, Fernseher, Radio.

Mein Mann sieht mich an und sagt: »Sei willkommen, Frau.«

Dann erklärt er uns, dass es kaltes *und* warmes Wasser gibt, und fügt hinzu: »Auf der Toilette ist Papier, damit könnt ihr euch ordentlich reinigen.« Er zeigt uns das Toilettenpapier.

Ich bin sprachlos von so viel Neuem, so vielen Informationen, ich will nur noch eins: duschen und schlafen. Doch die Besichtigung geht weiter. Das Fenster in der Küche sieht auf einen Garten und auf ein Haus, das auch einen kleinen Garten hat. Ich sehe nur mehrstöckige Häuser, schöne Autos, gut gekleidete Leute … Ich kann es nicht fassen!

Während der Onkel und ich nacheinander duschen, macht mein Mann uns etwas zu essen. Ich bin froh, als ich die Tür des Badezimmers hinter mir zumachen kann. Endlich bin ich allein und kann durchatmen. Ich bleibe lange unter der Dusche. Ich spüre, dass das Wasser hart ist und meine Haut austrocknet, aber es ist so angenehm, Wasser in solchen Mengen zur Verfügung zu haben. Als ich aus dem Bad komme, fragt mein Mann, ob die Dusche auch schön heiß gewesen sei. Ich sage, kaltes Wasser reiche mir, aber er will, dass ich von beidem nehme.

Ich würde gern in der Küche helfen, auch wenn ich nicht genau weiß, wie man hier das Essen macht. Doch mein Mann sagt, wir seien nun in Europa, und hier sei es ganz normal, dass Männer kochen. Er macht Fleisch mit Soße und Reis wie bei uns, allerdings im Haus. Komisch, dass ein Mann für mich kocht. Er bringt Löffel und sagt: »Ihr könnt auch mit der Hand essen. Macht es, wie ihr wollt.«

»Wir essen mit der Hand!«, sagen wir im Chor.

Mein Mann schaltet den Fernseher an und zeigt uns, wie die Fernbedienung funktioniert. Ich muss in diesem Haus so viel lernen, die Umstellung ist enorm.

Der Onkel schläft im Wohnzimmer, denn das zweite Zimmer ist »tabu«. Es ist das Schlafzimmer meines Mannes. Die erste Nacht unter seinem Dach verbringe ich ganz allein. In meinem Beisein hat er seinem Onkel zugeflüstert: »Heute darf sie sich ausruhen.« Also schlüpfe ich in das kleine weiße Bett im ersten Schlafzimmer, ein Kinderbett, und falle gleich in einen tiefen, schweren Schlaf.

Am Morgen weckt mich mein Mann. Er schlägt mir vor, meine Mutter anzurufen und ihr zu sagen, dass wir gut angekommen sind. Er wählt die Nummer und reicht mir das Telefon.

»Hallo?«

»Wie geht es, Diary?«

»Gut. Wir sind in Holland.«

»Nein!«

»Doch, Mama, ich bin in Holland.«

»Gib mir deinen Mann. Ich glaube dir erst, wenn er mit mir spricht, wenn ich ihn hören kann, sonst kann ich dir nicht glauben. Ich muss mit ihm sprechen.«

Sie wechseln ein paar Worte, ich höre Freudenschreie. Ich höre meine Mutter zum ersten Mal so schreien.

»Ich fasse es nicht – Diary ist in Europa! Ich fasse es nicht.«

»Ist ja gut, beruhigen Sie sich. Ja, es stimmt, wir sind zusammen in Europa. Machen Sie sich keine Sorgen, ich sorge für Ihre Tochter. Ich bin sehr glücklich, ich danke Ihnen für alles, was Sie getan haben. Dank Ihnen sind wir verheiratet.«

»Ich fasse es nicht – Diary ist in Holland!«, höre ich sie schreien. »Sie ist in Holland! In Europa!«

Dann gibt sie mir meinen Vater. Er schreit nicht, aber ich höre, dass er erstaunt und zufrieden ist. »Ach ja? Bist du angekommen? Gut. Ich dachte, du würdest es nicht schaffen. Aber jetzt bist du dort. Gott sei es gedankt. Siehst du, Gott ist groß!«

Alle wollen mit mir reden, das Telefon geht von Hand zu Hand. Schließlich bittet mich mein Mann aufzulegen.

Er sagt, dass er eigentlich auf dem Flughafen arbeiten müsse, er habe aber eine Woche frei genommen, damit er bei uns bleiben und uns alles zeigen kann. Wir verlassen das Haus nicht. Aber es wird uns bei weitem nicht langweilig. Der Onkel und ich sagen immer nur:

»Wie funktioniert das?«

»Wozu ist das? «

»Und was ist das?«

Mein Mann ist geduldig, stolz erklärt er uns alles ganz genau. Wir machen den ganzen Tag lang nichts anderes – wir erkunden alles, und am Abend sind wir so erschöpft, als hätten wir auf dem Feld gearbeitet. Doch so müde ich auch bin – ich komme praktisch gar nicht zum Schlafen. Alles ist so schnell gegangen, es gab so viel Neues. Nachts schließe ich die Augen und frage mich, ob ich wirklich hier bin, in Europa, oder noch in Afrika. Dann schlage ich die Augen auf und sehe mich um: Ich bin allein im Bett, ohne meine Geschwister und vor allem ohne meine Mutter.

Im Morgengrauen schlafe ich endlich ein. Ich schlafe tief und habe das Gefühl, ich würde nie wieder erwachen. Als ich aufstehe, fragt mein Mann, ob ich auch nicht zu erschöpft sei. Ich sage nein; er soll nicht wissen, dass ich Schwierigkeiten habe, mich einzugewöhnen. Ich bin es auch nicht gewöhnt, mich anderen anzuvertrauen, Männern schon gar nicht. Doch seit ich Conakry verlassen habe, hatte ich nur Männer um mich herum, erst den Onkel, jetzt meinen Mann.

Später höre ich, wie er zu seinem Onkel sagt: »Heute darf sie sich auch noch ausruhen, sie ist sehr müde. Aber dann reicht es – sie ist schließlich aus einem anderen Grund hier. Doch es bringt nichts, sie zu zwingen, ich muss es ihr beibringen.«

Sie reden, als sei ich gar nicht da. Dann sprechen sie über das Land, das Dorf und über die Leute. Ich sitze neben ihnen, aber ich sage nichts.

Sonntag. Seit drei Tagen bin ich hier. Es wird Abend. Ich bin müde, ich gehe schlafen. Mitten in der Nacht kommt mein Mann ins Zimmer und weckt mich. Er fragt nach den weißen Hochzeitskleidern. Ich sage ihm, wo sie sind. Er holt sie und verlangt, dass ich sie anziehe. Ich weigere mich. Ich bin vollständig angekleidet und müsste mich erst ausziehen. Das kann ich vor ihm nicht, ich will nicht, dass er mich sieht. Er besteht darauf, aber ich bleibe hart: Er darf mich nicht nackt sehen, das gehört sich nicht. Ich stoße ihn weg. Doch er presst sich an mich und berührt mich. Bislang war seine einzige Berührung ein Händedruck gewesen, als er Conakry verlassen hat und als ich in Holland angekommen bin. Mehr nicht. Ich begreife nicht, wieso er mich so anfasst. Er macht mir Angst. Ich versuche, mich ihm zu entziehen, drücke mich an die Wand, mache mich so klein wie möglich. Er bleibt beharrlich. Zwei, drei Stunden lang bedrängt er mich, spricht mit mir, fragt, ob ich Männer kenne. Ich verstehe die Frage nicht – natürlich kenne ich Männer, das weiß er, er hat ja meine Brüder, meinen Vater und die anderen gesehen. Er ist wütend, er sagt, er würde meine Mutter anrufen. Ich habe Angst. Ich bitte ihn, mich in Ruhe zu lassen, ich bin erschöpft. Schließlich lässt er mich ärgerlich allein, er hat es satt, gegen mich anzukämpfen. Er sagt: »Ich lasse dich heute Nacht schlafen. Morgen spreche ich mit deiner Mutter, dann komme ich wieder. So darf es zwischen Eheleuten nicht anfangen! Das gehört sich nicht.«

Ich schlafe nicht mehr, ich habe Angst, er könne hereinkommen, kaum dass ich die Augen schließe. Ich will unbedingt wach bleiben. Ich habe Angst vor morgen. Ich spüre, dass es ein Geheimnis gibt. Ich fürchte mich, mit meiner Mutter darüber zu sprechen, aber gleichzeitig will ich es auch. Ohne ihre Hilfe werde ich nie verstehen, was passiert ist. Die ganze Nacht über rühre ich mich nicht. Ich rolle mich zusammen und drücke mich an die Wand.

Am nächsten Morgen bleibt mir nichts anderes übrig, als mein Zimmer zu verlassen. Die Wohnung ist ein geschlossener Raum, in dem ich meinem Mann nicht aus dem Weg gehen kann. Ich muss mit ihm und seinem Onkel frühstücken. Ich sage kein Wort.

Mein Mann fragt, ob ich gut geschlafen hätte. Er tut so, als sei nichts gewesen. Er scherzt sogar mit seinem Onkel. Dann geht er und kauft eine Telefonkarte, um meine Mutter anzurufen. Als er zurückkommt, schließt er sich in seinem Zimmer ein und telefoniert. Wir hören nicht, was er sagt.

Dann kommt er endlich wieder heraus und gibt mir das Telefon – meine Mutter ist in Rage. Sie sagt, ich hätte meine Pflicht als Ehefrau nicht erfüllt. Verheiratet zu sein, bedeute genau *das*. Mein Mann habe das Ticket schließlich nicht umsonst gekauft. Ich würde von nun an ihm gehören. Ich müsse ihn das machen lassen, was er von mir will. Ansonsten würde er mich nach Guinea zurückschicken.

»Sieh dir doch mein Leben an! Du hast Glück, dass du dort bist! Deine Schwester wartet noch immer auf einen Mann. Du hast etwas zu essen, ich muss mich hier abmühen, um deine Geschwister zu ernähren. Die Pflichten einer Ehefrau sind ihr Mann und ihre Kinder. Du darfst mir keine Schande machen!«

Bei meiner Mutter gibt es kein Wenn und Aber. Also sage ich zu allem ja. Ich würde ihr gern alles erklären, aber ich kann nicht. Ich fange an zu verstehen: Ich muss tun, was sie sagt, damit ich in Holland bleiben kann. Punkt. Ich habe Angst, dass ich es nicht schaffe, Angst, dass ich zurückgehen muss. Ich fürchte den Moment, da mein Mann wieder in mein Zimmer kommt, weil ich nicht weiß, was ich genau machen muss. Soll das heißen, ich muss ihm gehorchen? Ich wälze die Fragen in meinem Kopf hin und her, finde aber keine Antworten. Ich begreife nur, dass ich *das* machen muss, um der Familie Ehre zu bereiten.

Am Abend ziehe ich meine weißen Kleider an und warte. Ich weiß, dass er kommt. Ich habe drei Unterhosen an und viele Kleiderschichten darüber. Das Tuch ist so fest gewickelt, dass ich kaum atmen kann. Ich weiß, dass er mich ausziehen wird, aber ich will es ihm so schwer wie möglich machen. Vielleicht schafft er es nicht.

Ich muss lange warten. Schließlich höre ich, wie sich der Onkel schlafen legt. Etwas später wird die Tür meines Zimmers geöffnet. Mein Mann sieht, dass ich weiß gekleidet bin, und freut sich. Er will mich wieder berühren und ausziehen, hat aber Probleme. Er geht in die Küche und holt eine Schere, er muss die Kleider aufschneiden. Wieder drücke ich ihn weg. Doch er kann den Stoff zerschneiden, ohne mich zu verletzen.

Erneut stoße ich ihn weg – ich kann nicht anders. Doch er ist so stark! Ich glaube, er ist verrückt geworden. Ich begreife nicht, warum er sich auf einmal so verhält. Am Telefon war er nett, hier aber macht er mir Angst. Es ist nicht mehr der gleiche Mann. Er macht mir Vorwürfe, droht, mich nach Guinea zurückzuschicken, wenn ich nicht nachgebe.

Ich schließe die Augen und lasse ihn machen. Ich tue so, als sei ich gar nicht da, als würde all das gar nicht passieren.

Nachdem er mit Gewalt über mich hergefallen ist, lässt er mich am Boden liegen. Er nimmt die weißen Kleider und geht. Ich wage nicht aufzustehen, stundenlang bleibe ich starr liegen. Dort, wo die Frau mich in der Savanne beschnitten hat, habe ich Schmerzen. Es blutet und brennt. Dann schließe ich die Augen und weine. Ich spüre, dass ich von nun an mit der Erinnerung an diese Nacht leben muss. Das Geschehene kann ich niemals vergessen oder auslöschen. Ich will nicht so leben. Ich überlege, ob ich das Haus verlassen und mich vor ein Auto werfen soll. Ich kann nicht mehr nach Guinea zurück, aber hier kann ich auch nicht bleiben. Ich kann nirgendwo hingehen. Ich habe nicht einmal mehr die Kraft aufzustehen.

Er kommt zurück und macht mir lauter Komplimente, er wünscht mir Kinder und ein gutes Leben mit ihm. Das Tuch ist ganz rot. Ich denke an die Kleider mit den roten Flecken, die ich bei Hochzeiten gesehen habe. Ich wusste, man beweist damit, dass das Mädchen Jungfrau war. Nun weiß ich, dass ich unberührt war.

»Gut, es ist gut. Du hast noch nie mit einem Mann geschlafen. Ich habe dich entjungfert, deine Kinder werden nur einen Vater haben. Gott möge dich behüten, Gott möge dich segnen; Allah, unser allmächtiger Gott, wird dir schöne Kinder schenken. Wenn du heute sterben musst, kommst du ins Paradies. Nun lasse ich dich schlafen.«

Ich friere, meine Zähne klappern. Ich weine. Ich habe das Gefühl, als hätte mich jemand mit Eiswasser bespritzt. Ich umfasse meine Füße und wiege mich vor und zurück. Ich kann nicht sprechen, ich bin wie abwesend.

Ich fürchte, er könne zurückkommen und wieder anfangen. Doch ich schlafe unweigerlich ein.

Als ich aufwache, steht er vor mir. Was will er? Er gibt mir eine Goldkette und sagt, es sei ein Geschenk.

»Du warst im Grunde gar keine Jungfrau. Aber das macht nichts, ich schenke dir die Kette trotzdem. Du musst sie tragen.«

Ich verstehe nicht – das Tuch hat doch gezeigt, dass ich Jungfrau war. Und er selbst hat es bestätigt. Und nun sagt er, es stimme gar nicht … Ich weiß nicht, was das Wort »Jungfrau« bedeutet. Ich denke, es ist etwas, was ich in mir trage. Er versichert mir, dass er das Geheimnis wahren und meinen Eltern nichts sagen wird. Es sei ein Grund, mich nach Guinea zurückzuschicken, aber er würde es nicht tun. Er will nicht, dass ich Schande über meine Familie bringe. Er würde das Geheimnis nicht verraten. Niemand würde mich mehr wollen, aber er wäre bereit, mich als Frau zu behalten. Er würde mich schützen. Er würde meinen Eltern sagen, dass alles gut gegangen sei. Er sagt, als Gegenleistung sei es meine einzige Pflicht, zu kochen und zu putzen und ihn immer zu empfangen, wenn er es will. Doch vor allem dürfe ich meinen Eltern nicht sagen, was er hier in Holland treibt.

Ich begreife überhaupt nichts. Ich schäme mich. Meine Eltern dürfen niemals erfahren, dass ich keine Jungfrau war, das würde sie umbringen. Gott sei Dank wird mein Mann nichts verraten. Ich will alles tun, was er mir befiehlt. Ich werde alle seine Geheimnisse wahren, damit auch er mein Geheimnis für sich behält. Meine Eltern dürfen nie erfahren, dass ich sie enttäuscht habe.

Ich schließe das Geheimnis ganz tief in mir ein und bemühe mich, meinem Mann in allem zu gehorchen. Ich muss die ideale Ehefrau sein, damit er mir verzeiht und mich nicht verstößt.

Wir gehen fast jeden Tag einkaufen. Mein Mann will, dass ich allein in den Geschäften zurechtkomme. Ich kann mich nur schwer an die Supermärkte gewöhnen – *Lidl, Ada, Aldi* –, ich verirre mich in den großen, fremden Kaufhäusern. Ich muss meinen Einkaufswagen mit tausend Dingen füllen, die ich rechts und links aus den Regalen fische, muss an der Kasse anstehen und darf beim Bezahlen nichts falsch machen. Ich lerne. Es ist so anders als zu Hause, wo man alles auf dem Markt unter freiem Himmel kauft und wo einen die Verkäuferinnen im *bazin* mit Rufen locken. Beim ersten Mal bin ich mit dem Einkaufswagen aus dem Laden gegangen, ohne zu bezahlen. Eine Klingel schrillte. »Du hast mir Schande gemacht! Habe ich etwa gesagt, du sollst einfach so hinausgehen, ohne zu bezahlen?« Mehr fiel meinem Mann nicht dazu ein. Dabei hatte ich wirklich gedacht, dass alles, was ich in den Wagen gelegt hatte, umsonst sei!

Zu Hause quäle ich mich in der Küche. Es ist schwierig, mit Gas zu kochen, ich kenne ja nur Holzfeuer. Sosehr ich mich auch konzentriere, ich komme mir in dieser europäischen Küche schrecklich ungeschickt vor. Ich will »Fetten Reis« kochen – ein Fleischgericht mit Soße und Reis. Doch ich lasse das Fleisch zu lange im Öl braten, und plötzlich ist der Raum voller Rauch. Also stelle ich automatisch den Topf auf den Boden, denn so macht man das in Guinea – und dann brennt er qualmend auf dem Plastikbelag fest! Kaum will ich guten Willen zeigen, mache ich solche Dummheiten.

Hier spült man das Geschirr mit einem Schwamm und einem Spezialmittel, das man nur dazu benutzt. Das kenne ich nicht. Bei uns wischt man die Teller trocken ab, mit einem Stück Zwiebelnetz. Ich muss so vieles lernen! Ich hoffe, es wird besser. Ich muss es einfach lernen!

14. KAPITEL

Mein Mann muss wieder zur Arbeit. Er erklärt dem Onkel und mir, dass sich sein Büro im Flughafen befinde, denn er sei im Auftrag der Europäischen Union tätig. Er habe die Aufgabe, sich um Passagiere zu kümmern, die aus Afrika einreisen, vor allem um Studenten. Dies erfordere meist seine Anwesenheit vor Ort, er müsse Einladungen schreiben und sie anschließend übergeben. Er sagt auch, dass im Rahmen seiner Arbeit viele Leute zu uns ins Haus kämen, und rät mir, sie höflich zu begrüßen und gastlich zu empfangen. Wenn er nicht da ist und das Telefon klingelt, darf ich nicht abnehmen, denn ich spreche nicht die hiesige Sprache.

Abends kommt er oft in Begleitung von Kapverdierinnen nach Hause. Dann gehen sie in sein Zimmer und machen die Tür zu. Ich weiß immer noch nicht, was sich dort abspielt. Er sagt nur, die Frauen seien Arbeitskolleginnen und würden ihn um Rat fragen, ich müsse nett zu ihnen sein und ihnen etwas zu trinken anbieten. Ich müsse eine liebenswürdige Gastgeberin sein, damit er seine Arbeit nicht verliert. Er stellt mich als seine Frau vor.

Die Wochen vergehen. Ich führe ein merkwürdiges Leben. Mein Mann macht mich mit den Leuten bekannt, mit denen er zu tun hat. Einmal stand ich einer Frau gegenüber, die meine Mutter kennt … Ich sehe diese Menschen an, sie kommen mir seltsam vor, sie sind mir fremd und ich weiß nicht, wie sie leben.

Sicher ist jedoch, dass sich in diesem Land nur jene Leute wohl zu fühlen scheinen, die eine Arbeit haben.

Eines Tages reist der Onkel ab. Er hat politisches Asyl beantragt, um Papiere zu bekommen. Ich bin also allein mit meinem Mann. Ich wünsche mir zu Beginn eines jeden Tages, er möge nie zu Ende gehen, weil ich weiß, was mich am Abend erwartet. Ich sehe fern und lerne, Hausfrau zu sein. Ich putze, ich koche und versuche mich einzugewöhnen. Von Zeit zu Zeit telefoniert mein Mann mit meiner Mutter, ich darf dann auch mit ihr reden, das heißt vielmehr, ich darf ihr zuhören. Sie sagt, ich solle ihm aufs Wort gehorchen und alles tun, damit das Haus sauber und gepflegt ist. »Du musst eine gute Hausfrau sein!«

Kurz nachdem der Onkel weg ist, sagt mein Mann, auch ich müsse nun politisches Asyl beantragen. Ich verstehe nicht, wieso ich noch weitere Papiere brauche. Ich bin doch schon in Holland und habe in Afrika so viele Papiere beantragt! Er erklärt mir, dass diese Papiere nicht ausreichten, dass ich mich damit lediglich drei Monate als Touristin in Holland aufhalten dürfe. Danach könne man mich auf der Straße verhaften und nach Guinea zurückschicken. Ich müsste mich die ganze Zeit verstecken und wäre eine Illegale. Vor allem könnte ich nicht arbeiten und meiner Familie kein Geld schicken. Ich will alles tun, um zu bleiben. Außerdem brauche ich dringend Arbeit. Bislang konnte ich meiner Mutter nichts schicken, und ihr geht es immer schlechter. Die kapverdischen Freundinnen meines Mannes putzen Büros, dafür werden sie bezahlt. Ich möchte das auch machen, aber ohne Papiere geht es nicht.

Ich verstehe den Begriff »politisches Asyl« nicht. Ich denke, es ist eben nur eine weitere Formalität wie ein Visumantrag. Eines Tages kommt Kéba, ein Afrikaner, zu uns und spricht lange mit meinem Mann. Sie suchen eine Möglichkeit, dieses »politische Asyl« für mich zu bekommen, sie denken sich eine Geschichte aus, die die Behörden beeindrucken soll. Dass wir nicht genügend zu essen haben und ich arbeiten muss, um das Überleben meiner Familie zu sichern, genügt nicht. »Politisches Asyl« heißt, dass mein Land mir etwas angetan hat, dass beispielsweise meine Eltern grundlos getötet wurden. Ich weiß, dass so etwas in bestimmten afrikanischen Ländern vorkommt, doch nicht in Guinea. Mein Mann und Kéba erklären mir, dass ich Wort für Wort eine Geschichte in diesem Stil erzählen müsse. Da ich nicht verheiratet sein darf, müsse ich sagen, mein Mann sei mein Vetter. Alles muss wieder geändert werden – nur mein wahres Alter bekomme ich zurück. Ich heiße Diénabou wie meine älteste Schwester. Indem ich ihren Namen trage, fühle ich mich weniger von der Wirklichkeit, von meiner Geschichte und von meiner Familie abgeschnitten und habe das Gefühl, dass meine Schwester mich beschützt.

Es ist schwierig, politisches Asyl zu bekommen, vor allem schafft man es nicht, wenn man zu Hause sitzt. Ich muss also in ein spezielles Lager, und jemand »Respektables« muss mich begleiten. Wir gehen zu einem Mann, einem evangelischen Geistlichen, der mir helfen will. Kéba und mein Mann erzählen ihm die neue Version meiner Geschichte. Sofort wird ihm klar, dass ich unbedingt in Holland bleiben muss.

Mein Mann lässt uns allein. Der Pfarrer und Kéba begleiten mich zur Antragstellung. Während der Fahrt lässt Kéba mich meine Geschichte in meiner Sprache wiederholen, damit der Mann nichts versteht: Mein Vater war Politiker, er wurde getötet, auch mein Bruder wurde ermordet, meine Mutter ist im Gefängnis. Ich komme mir komisch vor, als ich diese brutalen Lügen ausspreche. Doch ich denke an die Erwartungen meiner Mutter. Ihre Hoffnung und mein Pflichtbewusstsein sind stärker als das Gefühl, sie zu verraten, indem ich Lügen über sie erzähle. Ich muss es schaffen, und ich werde es schaffen. Im Lager muss ich mich überhaupt nicht anstrengen, verloren auszusehen – ich habe Angst. Dass Kéba und der Geistliche da sind, genügt nicht, denn ich weiß, dass sie mich bald verlassen, Kéba geht nach Hause und der Pfarrer in seine Pfarrei zurück. Dann bin ich allein, ohne einen Menschen, der sich für mich einsetzt, der mich beschützt und mir hilft, die Beamten davon zu überzeugen, dass die Schreckensgeschichten, die ich erzähle, wahr sind. Wenn ich scheitere, wird mein Mann wütend, das weiß ich, und dann verrät er vielleicht meinen Eltern mein Geheimnis. Ich muss zur Lügnerin werden. Doch die Lügen, die ich mir zurechtgelegt habe, sind in gewisser Weise etwas Besonderes; ich glaube daran, denn tief in meinem Inneren weiß ich, dass ich nicht mehr nach Hause zurückkehren kann.

Ich muss anstehen. Ich warte zusammen mit all diesen fremden Menschen. Ich warte, dass ich drankomme. Der Pfarrer und Kéba sehen mich an, sie sind im Aufbruch begriffen. Ein letztes verstohlenes Zeichen, und weg sind sie. Ich bin allein in dieser anonymen Schlange. Ich warte.

Als ich an der Reihe bin, durchsucht man mich. Meine Tasche wird vollständig geleert. Fast alle anderen, die mit mir warten, sind Schwarze. Ich komme mir vor wie in einem afrikanischen Gefängnis. Dann muss ich wieder warten. Als eine bestimmte Anzahl Personen zusammengekommen ist, müssen wir in ein Auto steigen, ein großes gelbes Auto, das extra gekommen ist, um diejenigen abzuholen, die politisches Asyl beantragen. Man hat mir geraten, mit niemandem zu sprechen, denn es könnten Leute darunter sein, die sich für Flüchtlinge ausgeben, in Wirklichkeit aber Spitzel sind. Und wenn wir ihnen unsere wahre Geschichte erzählen, laufen wir Gefahr, ausgewiesen zu werden. Ich werde also mit keinem reden.

Während der Fahrt schwirren die Gedanken nur so in meinem Kopf herum. Mir ist, als würde ich mich in die Höhle des Löwen begeben. Ich denke an meine Eltern – wie soll ich denn ohne ihre Hilfe all diese Prüfungen bestehen? Ich muss mich auf mein Gespür verlassen und rufe mir die Ratschläge des Pfarrers ins Gedächtnis. Endlos wiederhole ich meine Geschichte: Mein Vater wurde ermordet, weil er Politiker war, mein Bruder wurde bei Unruhen getötet, meine Mutter ist in Haft. Bei diesen Worten läuft es mir eiskalt über den Rücken. Ich wiederhole alles in meiner Sprache. Das Ganze übersteigt meine Vorstellungskraft. Die Fahrt ist immer noch nicht zu Ende, ich sehe schöne Häuser durchs Fenster, gut gekleidete Menschen gehen hastig durch breite Straßen.

Der Wagen passiert eine Schranke, die aussieht wie ein Grenzposten, und hält schließlich vor einer riesigen, rot-blau gestrichenen Halle. Wir müssen aussteigen und nacheinander vor den Empfangsschalter treten. Wieder werden die Taschen durchsucht. Viele Leute – Malier, sehr viele Chinesen, alle möglichen Nationalitäten. Jeder hat eine Tasche mit Kleidern dabei. Ich bin afrikanisch angezogen. Wir warten in der Schlange. Niemand spricht.

Zu beiden Seiten Polizisten. Das ist das Schlimmste: Man könnte meinen, wir wären Verbrecher.

In einem Büro notiert ein Mann in Uniform meine Daten. Name, Vorname, Geburtsdatum. Ich unterschreibe. Er gibt mir Decken, eine Zahnbürste, Shampoo und Waschzeug. Ich muss in der Halle bleiben, ich darf nicht mehr hinausgehen. Man zeigt uns die Schlafräume. Ich teile mir ein Zimmer mit vier anderen Afrikanerinnen. Es gibt Stockbetten, ich nehme das untere. Alle Schlafräume sind auf demselben Stockwerk, aber nach Geschlechtern getrennt.

Ich betrete einen großen Saal, der als Kantine dient. Er ist voller Leute. Ich bekomme Essensmarken und Jetons, die ich für Tee oder Kaffee einlösen kann. Ich sehe mich um, die Leute essen nicht. Sie rühren kaum an, was man ihnen vorsetzt.

Ich sehe jemanden, den ich kenne. Auch er sieht mich, aber ich spreche ihn nicht an, ich grüße ihn nicht mal, weil ich Angst habe, man könnte mich fragen, woher ich ihn kenne. Polizisten gehen vorbei. Ich mag es nicht, wenn die Uniformierten durch den Saal patrouillieren und so dicht an mir vorübergehen. Ich wäre gern unsichtbar.

»Grüßt du mich nicht?«

»Nein, ich kenne Sie nicht.« Ernsthaft spiele ich die Rolle, die man mir zugewiesen hat. »Ich sage doch, dass ich Sie nicht kenne! Aus welchem Land sind Sie?«

»Aber hab doch keine solche Angst! Wir müssen reden. Ich gehöre zu deiner Familie. Erinnerst du dich denn nicht mehr, dass wir zusammen nach Holland gereist sind?«

»Nein, ich darf Ihnen nicht antworten. Mein Mann hat gesagt, ich dürfe mit niemandem sprechen.«

Ich weiß gut, dass es der Onkel meines Mannes ist, aber die Angst, ausspioniert zu werden, hält mich gefangen. Ich sage mir immer wieder, dass ich nicht mit ihm reden darf, doch schließlich gebe ich nach. Er wird mich nicht verraten. Ich gehe zu ihm, sehe ständig nach rechts und nach links, und wir sprechen leise miteinander.

Der Onkel ist schon seit ein paar Wochen im Lager. Er erklärt mir, wie das Leben hier läuft, gibt mir Ratschläge. Man muss pünktlich zum Essen kommen; wenn man zu spät dran ist, ist nichts übrig, und die Essensmarken nützen nichts mehr. Man muss sich ständig unter Kontrolle haben, muss seine Sachen aufräumen, muss um 23 Uhr, wenn der Fernseher ausgeschaltet wird, schlafen gehen und sich morgens beeilen, unter die Dusche zu kommen.

Für mich ist es eine Wohltat, ein bekanntes Gesicht zu sehen. Wir konnten reden, weil zu diesem Zeitpunkt niemand in der Nähe war – kein heimtückischer Herumtreiber, keine Uniform war in Sicht.

Die Frauen nehmen mich unter ihre Fittiche. Trotz meiner Zurückhaltung, mit Fremden zu sprechen, fasse ich Vertrauen in der Atmosphäre, die unter den Afrikanerinnen herrscht. Sie sagen, es sei gut, auch mal zu lachen, ich sei ein Kind und müsse es ausnutzen. »Du hast Glück, du bist jung, du hast noch Hoffnung.« Sie ermutigen mich, auf den Hof zu gehen. Also wage ich es. Es ist ein geschlossener Hof, Tag und Nacht wird er von Soldaten bewacht. Ich mache ein paar Schritte, doch ich gehe schnell wieder hinein.

Abends ist es voll im Saal. Wir bekommen schlecht gekochten Reis, den ich nicht hinunterkriege. Der Fernseher läuft, einige sehen hin, andere spielen. Ich denke, mein Mann wird meine Eltern in meiner Abwesenheit anrufen und ihnen sagen, dass alles in Ordnung sei, dass ich ein paar Tage Urlaub mache, und meine Eltern wiederum gehen sicherlich davon aus, dass ich ein schönes Leben habe. Wenn sie wüssten, dass ich in dieser Halle bin, umgeben von Menschen aus aller Herren Länder, in ständigem Lärm! Sie würden nicht glauben, dass es in Europa auch so etwas gibt. Sie denken bestimmt, ich lebe wie die Darsteller in den Fernsehserien. Ich kann es nicht fassen, dass ich mich, nur um Papiere zu bekommen, an diesem geschlossenen Ort aufhalten muss, wo alle bewaffnet sind.

Der Onkel muss vor mir in ein anderes Lager zur Anhörung. Er gibt mir die Hand. »Viel Glück. Ich hoffe, wir bekommen diese Papiere. Was auch passiert – halte durch.«

Ich bleibe noch zwei Tage, sitze immer nur da. Manchmal weine ich, versinke in Trauer, ganz allein. Ich spüre, wie sehr mir meine Mutter fehlt, und fühle mich noch verlorener, doch vor allem denke ich: Ich hätte niemals hierherkommen dürfen. Die Frauen trösten mich. In meiner Verwirrung erzähle ich ihnen vieles – von meiner Familie, meiner Mutter, den finanziellen Problemen meiner Eltern. Ich sage ihnen alles und am Schluss gestehe ich auch noch, dass ich verheiratet bin.

»Aber wenn du verheiratet bist – wo ist dein Mann?«

Ich sage, er habe mich hierherkommen lassen, er arbeite viel für die EU und sei nun nach Amerika geflogen.

»Aber wenn er Arbeit hat, kann er doch Papiere für dich beantragen, ohne dass du hier sein musst. Das Lager ist nur für Leute, die hier niemanden kennen.«

»Sagt so etwas nicht, sät keine Zweifel in mir. Hört auf. Ich muss meinem Mann doch gehorchen.«

Am nächsten Tag beim Appell höre ich meinen Vornamen. Ich trete vor und bekomme gestempelte Papiere. Ich weiß nicht, was da steht. Man sagt uns, dass wir Kleider holen dürfen. Ich nehme einen Pullover, ich friere.

Ich besteige einen Wagen. Nach dreieinhalb Stunden Fahrt kommen wir in ein anderes Lager. An jeder Ampel strecke ich den Kopf aus dem Fenster, um alles besser zu sehen. Ich komme mir vor wie im Kino, nur dass ich von dem Film nichts verstehe.

Wir halten vor einem riesigen grauen Gebäude. Sicherheitsschleuse, Taschenkontrolle. Dann werden wir am Körper kontrolliert, weil man sichergehen will, dass wir kein Messer und keine Schusswaffe haben. Fingerabdrücke werden genommen. In dem großen Saal werden Leute mit Namen und Vornamen aufgerufen. Wenn man seinen Namen hört, muss man aufstehen und vortreten. Ich höre immer nur »Diallo«. Ich muss an Afrika denken, dieser Name ist dort sehr häufig. Mein neuer Name ist auch Diallo. Viele schreien gleichzeitig: »Hier!«

Drinnen gibt es noch mehr große Säle. Der erste ist ein Gemeinschaftssaal, der zweite der Schlafraum der Frauen mit über hundert Betten, der dritte ist ebenso groß, es ist der Männerschlafsaal. Der vierte schließlich ist ein Gebetsraum, denn die meisten hier sind Moslems.

»Ha, da bist du ja!«

Ich sehe den Onkel wieder. Ich frage, ob er seine Anhörung schon gehabt hätte.

»Nein, noch nicht. Ich warte noch mit den anderen. Pass gut auf, was du hier sagst. Sei vorsichtig. Hier schreiben sie alles auf, es ist nicht so wie im anderen Lager.«

Ich bleibe sechs Tage, sitze immer nur da und weiß nicht, wie ich mich ablenken soll. Nur die Kinder dürfen in dem kleinen Garten spielen. Manchmal gehe ich auch raus, um Luft zu schnappen.

Sie zweifeln mein Alter an und unterziehen mich medizinischen Untersuchungen. Sie inspizieren meinen Körper ganz genau. Ich sage, dass ich bald fünfzehn werde. Ich muss ein paar Tage auf die Ergebnisse warten. Diese Überprüfungen führen sie durch, denn um in Holland bleiben zu können, behaupten viele Dreißigjährige, sie seien noch keine zwanzig. Doch das geht selten durch, die Organe lügen nicht, mit dreißig hat man nicht mehr dieselben Lungen wie mit zwanzig.

Wir werden ständig überwacht, selbst wenn wir auf die Toilette gehen. Morgens um sieben Uhr werden alle geweckt, auch wenn man den ganzen Tag über nichts zu tun hat. Man macht hier nichts, man hat nur Anhörungen, dennoch sind die Tage anstrengend.

Ich werde zur Anhörung geladen. Ich bin minderjährig, also bringt man mich in einen gesonderten Raum etwas abseits. Eine Dolmetscherin ist da, doch sie spricht nur Französisch, und das habe ich nie richtig gelernt. Ich kann gerade mal so viel, dass ich auf dem Markt in Conakry zurechtkam und Fernsehserien anschauen konnte. Ich habe Angst, dass ich sie nicht verstehe. Ich betrete das Büro, wo mir eine dicke Frau die Hand drückt und um meine Papiere bittet. Dann schildere ich ihr meine erfundene Lebensgeschichte, die Dolmetscherin übersetzt ins Holländische: Mein Vater war Politiker, ein Gegner des Präsidenten, er wurde ermordet, mein Bruder wurde bei Unruhen getötet, meine Mutter vegetiert im Gefängnis dahin. Obwohl es Lügen sind, weiß ich, dass mein Gesichtsausdruck sich verändert, wenn ich von diesen Gräueln spreche. Die Frau hört mir aufmerksam zu, meine Geschichte berührt sie. Sie prüft meine Papiere, dann erklärt sie mir mit Hilfe der Dolmetscherin, dass man mich wieder rufen und mir die Entscheidung mitteilen wird. Sie erhebt sich und begleitet mich zur Tür. Mir dreht sich der Kopf – was ich da erzählt habe, ist eine Schande, ich habe Lügen über mein Leben, meine Familie, mein Land erzählt. Still rezitiere ich die Koranverse, die ich kenne, aber das hört niemand. Ich bitte Gott, mir zu helfen, obwohl ich gerade gelogen habe. Was wird aus mir werden?

Ich treffe den Onkel wieder und erzähle ihm von der Anhörung. Ich gestehe ihm, dass ich es hier nicht mehr aushalte.

Er sagt im Vertrauen zu mir, mein Mann hätte Unrecht daran getan, mich in diese Situation zu bringen. Es sei zu hart, ich sei zu jung.

»Das hier ist nichts für ein Kind wie dich.«

Ich sage, er solle sich keine Sorgen machen. Ich bin eine Frau, also werde ich auch wieder da herauskommen.

Ich höre: »Diénabou Diallo.« Ich reagiere nicht, weil ich mit meinen Gedanken gerade woanders bin. Ich heiße in Wahrheit Diaryatou Bah; an den anderen Namen habe mich noch nicht gewöhnt.

Der Onkel beugt sich zu mir und flüstert: »Heißt du denn nicht Diénabou Diallo?«

Ja. Plötzlich merke ich, dass ich Diénabou Diallo bin. Er hat Recht.

Ich stehe auf und schreie: »Ja, das bin ich. Diénabou Diallo. Ich bin es.«

»Sie? Holen Sie Ihre Sachen. Ihr Antrag wurde bewilligt.«

15. KAPITEL

Bevor mir klar wird, was das bedeutet, geht es schon wieder weiter. Zusammen mit einem anderen Mädchen aus dem Lager muss ich in ein altes Taxi steigen. Wir sitzen auf der Rückbank.

»Ich freue mich, dass sie mich angenommen haben. Und du?«, sagt sie.

»Ja, ich freue mich auch.« Doch offen gesagt weiß ich nicht, was uns nun erwartet.

Sie fügt hinzu: »Diese Lager sind nur eine Etappe. Wichtig ist, was jetzt kommt.«

Ankunft. Ein Polizist am Eingang. Sicherheitsschleuse. Wieder eine Taschenkontrolle. Unsere Namen werden registriert. Wir geben die Papiere ab, die wir vor der Abfahrt zurückbekommen haben. Man bringt uns in ein Büro, wo wir fünfundzwanzig Gulden und Laken bekommen. Man erklärt uns, dass wir uns zu viert ein Zimmer mit Fernseher und Kühlschrank teilen. Wir unterschreiben die Papiere.

»Ihr seid minderjährig. Wenn ihr ausgehen wollt, müsst ihr Bescheid sagen. Das läuft hier so.«

Man zeigt uns die Küche, wir können sie benutzen, wann wir wollen, vorausgesetzt, wir putzen anschließend. Dann kommt ein Mädchen zu uns. Sie heißt Aïcha und ist sechzehn. Sie spricht meinen Dialekt, sie erklärt mir alles.

»Das ist unser Zimmer. Du musst auf dein Geld aufpassen. Ach, hier – Shampoo und Waschzeug.«

Ich habe mich schon lange nicht mehr gepflegt. In Conakry habe ich mir oft eine andere Frisur machen lassen, aber nun sind meine Haare so lang, dass es nicht mehr gut aussieht.

Mit Aïcha freunde ich mich schnell an. Sie ist nett, und ich vertraue ihr alles an. Sie schlägt vor, ich soll meinen Mann anrufen – heimlich, weil niemand wissen darf, dass ich verheiratet bin.

»Wir rufen an und sagen, dass sie dich angenommen haben. Wir geben ihm die Adresse hier, dann kann er dir Kleider schicken oder sogar selbst herbringen.«

Gute Idee. Seine Telefonnummer kann ich noch auswendig. Da ja niemand wissen darf, dass ich hier in diesem Land jemanden kenne, habe ich nichts Geschriebenes bei mir – es könnte mich verraten – und muss mich auf meine Erinnerung verlassen. Ich rufe mehrmals zu Hause an – niemand. Ich denke, vielleicht ist er in Afrika oder anderswo oder bei der Arbeit. Ich versuche es immer wieder.

Dann, eines Tages: »Hallo?«

Er freut sich, dass ich Asyl bekommen habe. Er fragt nach der Adresse und einer Telefonnummer, unter der er mich erreichen kann. Ich weiß weder das eine noch das andere. Ich gebe ihm Aïcha, die ihm die Nummer durchgibt. Ich nehme wieder das Telefon.

»Ich war nicht da«, sagt er, »ich war in New York. Ich arbeite für die EU, ich habe viel zu tun. Du weißt, dass du kein politisches Asyl beantragen musstest, ich hätte dir die Papiere auch so besorgen können. Aber du wolltest ja unbedingt den Antrag stellen, ich konnte dich nicht davon abhalten.«

Was erzählt *er* da? *Er* wollte doch, dass ich alles so mache! *Er* hat diese ganze Geschichte erfunden! Warum hat er mich ins Lager geschickt, wenn er anderweitig Papiere bekommen konnte? Ich habe eingewilligt, weil ich dachte, dass es die einzige Möglichkeit sei. Doch ich nehme alles auf mich, um es ihm gegenüber nicht an Respekt fehlen zu lassen.

»Nein, es geht schon, es stört mich nicht. Ich habe ein paar Leute kennen gelernt. Es war nicht leicht, aber jetzt geht es.«

Er fragt nach Neuigkeiten von seinem Onkel. Ich sage, ich wüsste nichts Neues. Aber es wird sicherlich schwierig für ihn, weil man ihm seine Geschichte nicht so richtig abgenommen hat.

Schon eine Viertelstunde später ruft mein Mann zurück: »Ich kann dich diese Woche nicht besuchen. Aber geht es dir gut? Bist du auch nicht krank?«

»Nein, es geht mir gut. Ich verbringe die Zeit mit den anderen Mädchen. Bald gehe ich zur Schule, um die Sprache zu lernen. Haben Sie Nachrichten von meinen Eltern?«

»Ich habe mit deiner Mutter gesprochen, ich habe ihr gesagt, dass es dir gut geht. Sie soll nicht wissen, was du gerade machst. Ich habe gesagt, dass du in Frankreich bei deinem Onkel warst. Schwörst du mir, dass du ihr nie sagen wirst, dass du politisches Asyl beantragt hast? Das ist unser Geheimnis.«

»Ja, ja, ich schwöre es. Mama hat immer gesagt, ich soll unsere Geheimnisse wahren.«

»Sind Frauen und Männer gemischt in den Zimmern?«

»Nein, ich bin mit drei Mädchen zusammen.«

»Gib mir noch mal Aïcha.«

Sie reden kurz, dann sagt Aïcha, er habe sie gebeten, sich gut um mich zu kümmern, denn ich sei noch so jung und unwissend. Und er möchte mich besuchen. Er will nicht, dass seine Frau unter solchen Bedingungen im Heim lebt. Aïcha sagt auch, er mache einen netten Eindruck und ich hätte großes Glück, einen so fleißigen Mann zu haben.

Als er zu Besuch kommt, ist er sehr elegant, als wolle er zeigen, dass er Geld hat. Er bringt mir eine Tasche voller Kleider und ein Handy mit und erklärt mir, wie es funktioniert. Er gibt mir auch Geld. Dann sagt er, dort an der Ecke sei ein Hotel. Ich verstehe das Wort »Hotel« nicht, ich weiß nicht, was das ist.

»Willst du denn nicht, dass wir uns woanders treffen?«, sagt er. »Wo wir unter uns sind?«

»Nein, nein, ich will nicht in dieses Hotel.«

»Doch! Ich bin dein Mann. Ich habe ein Recht darauf!« Er fängt an, mich zu beschimpfen, dann geht er. Und ruft vom Hotel aus wieder an: »Hast du hier etwa einen Mann kennen gelernt?« Er legt auf. In den folgenden Tagen ruft er morgens, mittags und abends an.

Ich bleibe drei Monate im Asylantenheim. Ich gewöhne es mir an, auf den Markt zu gehen, Fisch zu kaufen und mir etwas zu kochen. Und ich freunde mich mit einem Mann an, der meine Familie in Guinea kennt. Didian ist nett zu mir, er kommt mich besuchen, er leiht mir Videokassetten. Wir gehen zusammen einkaufen. Dann klingelt eines Tages mein Handy. Natürlich mein Mann – außer ihm kennt ja niemand diese Nummer.

»Wo bist du?«

»Ich sitze mit Didian und einer Freundin zusammen, Didian ist ein Freund meiner Eltern aus Guinea. Unsere Väter haben viel zusammen gemacht.«

»Pass auf! Kaum bist du hier, schon benimmst du dich so! Ich glaube dir nicht. Aïcha hat gesagt, du schläfst oft bei ihm.«

»Warte, ich gebe Ihnen Didian.«

Ich bitte Didian, mit meinem Mann zu sprechen. »Ich habe gesagt, wir sehen zusammen fern.«

Sie wechseln ein paar Worte, alles scheint in Ordnung zu sein. Ich gehe schlafen.

Im Morgengrauen hämmert es an die Tür. Die Mädchen rufen, es sei für mich. Benommen mache ich die Tür auf. Mein Mann.

»Wir gehen jetzt in dieses Hotel«, sagt er. »Ich bin dein Mann, und du musst mir gehorchen.«

Ich weigere mich. Er macht mir Angst, aber es sind so viele Leute um uns herum, und er muss schließlich gehen.

Nun weiß ich, dass Aïcha Lügen über mich erzählt hat. Die anderen Mädchen sagen, sie wolle, dass mein Mann mich verstößt. Doch ich möchte an meinen Gewohnheiten nichts ändern, ich bleibe hier im Heim und warte auf meine Papiere, dann kann ich wieder nach Hause zurückkehren und arbeiten. Ich gehe weiterhin auf den Markt, kaufe für meine fünfundzwanzig Gulden pro Woche ein und gehe ein wenig spazieren. Gleich nebenan ist ein kleiner Wald, sehr abgelegen, aber es ist schön grün dort. Langsam gewöhne ich mich an dieses Leben. Doch mein Mann kann sich nicht mit meiner Abwesenheit abfinden. Ich weiß nicht mehr, wie ich mit ihm umgehen soll. Er sagt, er will all das Geld nicht umsonst ausgegeben haben. Und dann behauptet Aïcha auch noch, ich wolle mit Didian nach Frankreich gehen.

Mein Mann ruft an. »Warte an der Bushaltestelle auf mich.«

Mir ist es lieber, Didian begleitet mich.

»Was hat dieser Mann hier zu suchen? Ich will meine Frau besuchen, und dann treffe ich einen Mann bei ihr!«

Ich wehre mich, so gut ich kann. Didian geht weg. Mein Mann verfolgt ihn mit den Augen. Schließlich dreht er sich zu mir um und zieht einen Stapel Papiere aus der Tasche.

»Ich habe deine Eltern gebeten, unsere Heiratspapiere zu fälschen. Diese Dokumente beweisen, dass wir in Conakry auf dem Standesamt geheiratet haben.«

»Auf dem Standesamt? Aber das stimmt doch nicht! Wer hat das getan?«

»Dein Vater, deine Mutter und ich haben die Papiere unterschrieben. Jetzt hole ich dich da raus, und du kommst mit mir nach Hause. Ich gebe dir die Papiere, und du wirst das beste Leben haben. Es tut mir weh zu sehen, wie sie dich hier behandeln. Du bist zu jung.«

Er spricht freundlich mit mir. Ich glaube ihm. Ich glaube, dass ich bald mit ihm nach Hause gehen und arbeiten kann. Ich bleibe noch eine Weile im Heim, doch meine Tage dort sind gezählt.

Mein Mann ruft mich jeden Tag oder fast jeden Tag an.

Sein Ton hat sich verändert, ich bekomme süße Worte zu hören wie:

»Ich denke von morgens bis abends an dich.«

»Du fehlst mir, du musst schnell zurückkommen.«

Mit meiner Freundin Mounia plant er heimlich meinen Aufbruch. Die Behörden dürfen nicht wissen, dass ich weggehe. Mounia will mich zum Bahnhof von Groningen begleiten. Am Morgen stehe ich auf und spreche mein Gebet. Ich bete zu Gott, dass er mir hilft, ich bin voller Hoffnung. Mein Mann hat Geld, er möchte, dass ich bei ihm lebe und nicht im Heim, und er wird mir helfen, Papiere zu bekommen. Ich habe also großes Glück.

Mein Mann ist am Bahnhof. Er dankt Mounia und gibt ihr Geld. Sie sagt: »Sie dürfen das Mädchen nicht schlecht behandeln.« Ich verabschiede mich schnell von Mounia, dann nehmen wir den Zug nach Rotterdam. Kaum sitze ich im Abteil, ruft mich Didian auf dem Handy an. Ich bin verlegen, denn mein Mann beobachtet mich. Er hat verstanden, mit wem ich spreche, und ich sehe, dass er sich aufregt. Ich habe das Gefühl, eine Wand aus Blei würde auf mich drücken. Didian wollte nur wissen, ob es mir gut geht. Ja, es geht mir gut.

Kaum sind wir zu Hause, wird mein Mann wieder brutal. Er zerreißt alle Papiere aus dem Lager; von den Dokumenten bezüglich unserer Heirat in Guinea ist keine Rede mehr. Als sei überhaupt nichts geschehen! Ich habe den Eindruck, ich sei nie von hier fort gewesen. Auch ein Freund meines Mannes wohnt hier. Er sagt, mein Mann habe mich zurückgeholt, weil ich ihn betrogen hätte, und nun wolle er mich nach Guinea zurückschicken. Ich habe ihn zwar nicht betrogen, aber ich weiß wohl, dass nur das zählt, was *er* denkt. Ich muss ihm beweisen, dass ich eine ehrbare Frau bin. Ich will Arbeit suchen und unabhängig werden.

Allen Leuten, die zu uns kommen, sage ich, dass meine Reise nach Frankreich schön gewesen sei. Ich mache gute Miene, damit mein Mann stolz auf mich sein kann.

16. KAPITEL

Didian ruft weiterhin an und fragt, ob alles in Ordnung sei. Ich bitte ihn, sich nicht mehr bei mir zu melden, weil mein Mann es nicht erträgt.

»Aber ich rufe an, weil ich mir Sorgen um dich mache. Ich bin mir nämlich nicht sicher, ob dein Mann wirklich ehrlich zu dir ist.«

Wenn ich abends das Fenster aufmache und hinaussehe, frage ich mich, ob ich nicht am Ende meiner Träume angekommen bin. Ich wohne im dritten Stock, ich habe einen Balkon, alles ist ruhig. Nacheinander gehen überall die Lichter an. Ich denke an die Lager, die ich nun hinter mir gelassen habe – es erscheint mir so fern und gleichzeitig so nah, aber ich will alles vergessen. Mein Leben ist hier, in diesem Haus, mit meinem Mann.

Wieder macht er mir Szenen wegen Didian, er ist überzeugt, dass ich mit ihm geschlafen habe. Sosehr ich auch widerspreche und ihm versichere, dass ich nichts Böses getan hätte – er glaubt mir einfach nicht. Jeden Tag lügt er mich an; ich weiß es und kann nichts dagegen tun. Das Schlimmste ist, dass er mir nicht glaubt, wenn ich die Wahrheit sage, dass ich aber *seine* Lügen akzeptieren muss.

Hin und wieder würde ich gern allein schlafen. Aber nein! Wenn er kommt, hat es keinen Sinn, sich zu wehren. Ich weiß, dass er sein Ziel erreicht. Wenn ich nichts sage, geht es schnell, er macht mit mir, was er will, ich bin nur ein Nichts. Manchmal weine ich, wenn er mich anfasst, aber er hört nicht auf, nichts hört auf, nicht einmal meine Tränen. Ich habe Angst vor ihm, weil er sich so schnell aufregt. Ich darf den Sturm nicht losbrechen lassen, sonst könnte er seine Drohungen wahr machen. Das wäre mein Unglück.

Er ist frei, er kann machen, was ihm gefällt. Er geht aus, kommt zurück, macht mit mir, was er will. Wenn er Geld nach Hause bringt, ist er netter. Ich mache den Haushalt, sehe fern, ohne zu verstehen, worum es geht, ich warte. Ich weiß nie, wohin er geht und wann er zurückkommt. Manchmal ist er tagelang weg. Von Zeit zu Zeit verkündet er, eine seiner Frauen hätte ein Kind bekommen. Und ich spiele die Hausfrau.

Wenn ich sage, dass ich mich nicht wohl fühle, dass ich nicht in der Lage sei zu kochen, bekomme ich als Antwort eine Ohrfeige. Immer wenn er mich schlecht behandelt hat, tut er nachher so, als würde er es bereuen. Doch ich weiß, dass er das nur so dahinsagt, ich weiß, dass er es wieder tun wird.

Eines Morgens sagt er dann: »Ich schicke dich nach Guinea zurück, weil du mich betrogen hast. Ich habe gedacht, ich hätte eine ehrbare Frau geheiratet, aber ich habe gesehen, wie du dich im Asylantenheim aufgeführt hast.«

Er telefoniert. Ich höre, dass er sich mit der Flughafenpolizei verbinden lässt. Ich bekomme Angst – das kann er doch nicht tun! Ich werfe mich ihm zu Füßen, flehe ihn an, mich nicht zu verstoßen. Ich sage: »Vergeben Sie mir alles, was ich getan habe.«

Er reagiert nicht. Er legt auf, dann ruft er seinen Bruder in Guinea an – den Bruder, der die Heirat organisiert hat. Er erzählt ihm irgendwas, unterstellt mir alles Mögliche. Für mich ist dieser Anruf wie ein Lauffeuer, das sich bis zu meinen Eltern ausbreiten wird.

Ich renne auf die Toilette und erbreche mich.

Meine Mutter ruft an. Sie weint und sagt, ich hätte Schande über sie und meinen Vater gebracht. Sie hätte gedacht, ich sei nach Europa gegangen, um meinem Mann zu dienen. Sie wisse, was ich falsch gemacht habe. Das Wort meines Mannes hat mehr Gewicht als mein Schweigen. Ich habe niemanden mehr, der mir glaubt, der mich versteht. Ich kann meinem Mann unmöglich widersprechen, während des Telefonats sitzt er neben mir. Ich kann nur versprechen, dass ich mich bessere, damit er mich nicht aus dem Haus jagt. Ich zerreiße meinen Pass – ohne Pass kann er mich nicht nach Guinea zurückschicken.

Ich mache mich ganz klein. Ich kümmere mich um den Haushalt. Manchmal liege ich ihm zu Füßen, flehe ihn an, mir zu verzeihen und mich nicht nach Afrika zurückzuschicken. Er bittet mich nie aufzustehen. Er sagt gar nichts.

Ruhe habe ich nur, wenn er mich zu Manou bringt. Manou ist Kapverdierin; anfangs habe ich nicht verstanden, was sie sagte, doch mit der Zeit habe ich ihre Sprache gelernt. Sie ist schon älter und hat viele Kinder. Wenn ich bei ihr bin und versuche, mit der Gabel zu essen, traut sich niemand, mich anzusehen, alle starren auf ihre Teller. Fast immer fällt mir das Essen von der Gabel, doch niemand macht eine Bemerkung.

Ich besuche Manou auch, wenn mein Mann weg ist. Wenn ich mit ihr zusammensitze, erinnert mich das an mein Leben in Afrika, an die Stunde, wenn wir Tee tranken. Ich kann zurzeit nichts essen, ich muss immer öfter spucken. Manou fragt, wann ich zum letzten Mal meine Regel gehabt hätte. Ich erinnere mich nicht. Meine Mutter hat immer gesagt, wenn man nicht mehr blutet, sei das ein Zeichen für etwas sehr Schwerwiegendes. Deshalb habe ich Angst und will nichts sagen.

Manou vereinbart für mich einen Arzttermin. Die Ärztin macht einen Schwangerschaftstest, sie tastet meinen Bauch ab und sagt: »Alles in Ordnung. Sie sind mindestens im dritten Monat schwanger.«

17. KAPITEL

Kaum komme ich vom Arzt zurück, setzt mir mein Mann auch schon zu: »Dieses Kind ist nicht von mir. Es ist von einem anderen Mann, von dem, den du im Lager kennen gelernt hast. Vielleicht bist du mit dem Kind im Bauch zurückgekommen.«

Ich fürchte mich vor ihm, er versucht, mich schlechtzumachen. Manou hat gesagt, eine Schwangerschaft dauere neun Monate. Wenn das Kind da ist, werde ich also die Wahrheit wissen. Immer wenn er mich beschuldigt, erwidere ich: »Das werden wir bald wissen. Das Geburtsdatum wird beweisen, dass Sie der Vater sind. Das Datum lügt nicht.«

Ich kann mich nicht über das Kind freuen. Ich finde, es ging alles zu schnell. Ich kann mich in dieser so neuen Welt doch kaum um mich selbst kümmern – wie soll ich da für ein Baby sorgen?

Das Leben geht weiter. Ich weine oft. Bei uns herrscht ein ständiges Kommen und Gehen, ich habe also viel zu tun. Ich muss den Besuchern etwas anbieten, auch wenn ich sie überhaupt nicht kenne. Wenn ich kurz davor bin zusammenzubrechen, kommen mir die Worte meiner Großmutter in den Sinn: »Weißt du, die schwierigen Momente im Leben dauern nicht an, deshalb muss man Kraft schöpfen, indem man sich sagt, dass sie vorübergehen.« Der Gedanke an Großmutter tröstet mich. Ich vertraue darauf, dass sie mich dort, wo sie ist, sieht und mir Mut macht.

Von Manou erfahre ich, dass mein Mann etwas völlig anderes macht, als ich dachte. Offensichtlich nimmt er Unterricht, aber er treibt auch Handel mit einem seiner Brüder in Guinea. Parallel dazu beschafft er immer noch Einladungen für Guineer, die nach Holland einreisen wollen, und dafür wird er gut bezahlt. Angeblich ist mein Mann auch Marabut. Die meisten Besucher wollen tatsächlich einen Rat von ihm.

Ich habe Angst, dass er mich mit einem Fluch belegen könnte. Er sagt, ich würde das Kind verlieren, ich würde nicht genügend essen, und das Kind könnte einfach so aus meinem Bauch herausfallen. Doch nichts dergleichen geschieht. Ich esse, so viel ich kann.

Ich bin müde. Wenn das Essen nicht gelungen ist oder wenn ich keine Kraft zum Putzen habe, zieht er seinen Gürtel aus den Schlaufen und schlägt mich trotz meiner Schwangerschaft heftig. Ich habe davon Male am Körper. Wenn er mich schlägt, denke ich an meine Mutter oder an meine Tante, die mich auch geschlagen haben, und sage mir: Eines Tages ist es vorbei. Ich habe die Hoffnung, dass mein Mann sanfter wird, wenn erst das Baby da ist, dass er wieder Vertrauen zu mir fasst und mich achtet; dass ich wieder ein normales Leben führen kann wie andere Frauen auch. Mein Mann soll nur wissen, dass er sich auf mich verlassen kann. In meiner Naivität bemühe ich mich, ihn zu unterstützen; das ist mein einziger Gedanke – als sei *ich* im Unrecht. Ich will, dass er glücklich ist und sicher sein kann, dass seine Frau alles tut, was in ihrer Macht steht, um ihn zufrieden zu stellen. Ja, ich gebe ihm alles, was ich kann. Bald bin ich die Mutter seines Kindes. Ich muss eine tadellose Hausfrau sein. Unser Leben geht weiter, und nachts vergewaltigt er mich immer …

Eines Morgens beim Aufstehen habe ich Bauchschmerzen, große Schmerzen. Mein Mann sagt, das sei nicht schlimm. Ich bin ständig auf der Toilette, es tut so weh. Dann kommt ein weißes Rinnsal aus meinem Schoß. Ich weiß nicht, wie mir geschieht, ich falle auf die Knie. Mein Mann sieht, dass ich sehr leide, und holt schließlich Hilfe.

Unterdessen verharre ich lange in derselben Stellung, ich knie auf dem Boden. Ich hebe die Augen zur Decke und zitiere den Koran, sage alles auf, was mir einfällt. Dann schreie ich vor Schmerz: »Gott, wenn es dich gibt, wenn du da oben bist, dann zeig dich jetzt hier in diesem Haus.« Da man eine Gegenleistung erwartet, ist es manchmal schwieriger, zu glauben, als nicht zu glauben. Und während ich warte, sage ich: »Ich glaube an dich, also glaube auch du an mich! Ich habe hier keinen Menschen. Wenn das Baby herausfallen sollte, dann mach, dass ich nicht leiden muss. Mach, dass es fällt, ohne mir etwas anzutun.«

Blut fließt. Ich laufe auf die Toilette, aber noch auf dem Weg fällt alles heraus. Alles. Ich weiß nicht genau, was es ist. Ich denke nicht an das, was mein Mann gesagt hat, ich habe zu große Schmerzen. Ich nehme das Ding, das auf dem Boden liegt. In der Küche ist eine Art Einweckglas, dort lege ich es hinein. Ich wische den Boden und lege mich hin.

Mein Mann kommt in Begleitung einer Frau zurück.

»Was ist passiert? Geht es dir besser?«

»Ich weiß nicht. Da ist etwas herausgefallen, ich habe es in das Glas gesteckt. Sehen Sie nach, was es ist.«

Er sieht es und weint. »Das ist ja schrecklich! Du hast dein Kind verloren.«

Ich kann nicht hinsehen, ich habe zu große Angst. Er sagt, der Kopf sei schon schwarz. Ich habe noch nie ein solches Grauen empfunden.

Während ich liege, bringt die Frau die Wohnung in Ordnung. Sie geht einkaufen und bringt mir Binden, denn so etwas habe ich nicht.

»Es ist traurig, so ganz alleine sein Kind zu verlieren. Aber du bist stark! Trotzdem musst du ins Krankenhaus.«

»O nein! Das geht nicht, sie hat keine Papiere.«

Ich liege immer noch da, ich kann nicht aufhören zu weinen.

»Beruhige dich, es wird vorbeigehen. Du wirst ein anderes Kind haben, das ist doch nicht das Ende der Welt.«

Ich denke, dass ich am Tod des Babys schuld bin. Ich habe nicht genügend gegessen. Meinetwegen ist es gestorben. Mein Mann mit seinem Marabut-Wissen hatte mich ja gewarnt.

Manous Tochter bringt mich mit dem Taxi ins Krankenhaus. Das Baby im Einweckglas haben wir dabei. Ich gebe es der Ärztin, die auch meine Schwangerschaft festgestellt hat. Sie nimmt das Baby heraus, legt es irgendwohin und fragt, ob ich es sehen wolle. Ich sage nein, ich hätte es schon gesehen und es mache mir Angst, es sei mir unerträglich, es noch einmal anzusehen.

»Wie Sie wollen.« Die Ärztin sagt, man würde das Baby wegbringen. Sie sagt auch, wohin, aber ich vergesse es gleich wieder, ich will überhaupt nichts mehr wissen. Das Kind ist weg, ich will alles vergessen.

Die Ärztin fügt hinzu: »Sie müssen trauern, aber Sie werden andere Kinder haben, Sie sind noch jung.«

Diesen Satz habe ich schon mal gehört, er kommt von weit her, aus meinem Land. Ich sehe Großmutter vor mir, wie sie meine Tante Mariam getröstet hat, nachdem ihr Kind gestorben war. Die Frau begutachtet meine Papiere, sie weiß nicht, dass sie gefälscht sind. Ich selbst weiß nicht einmal, was da geschrieben steht. Sie stellt keine Fragen und lässt mich gehen.

Irgendwie fühle ich gar nichts mehr, nur eine große Leere in mir. Wir verlassen das Krankenhaus und gehen zu Fuß zu einer Apotheke, um Medikamente zu kaufen. Aber ich bin so schwach, dass mein Mann ein Taxi ruft und wir zurückfahren.

Ich versuche, zur Ruhe zu kommen.

Er rät mir: »Iss Fleisch. Du hast viel Blut verloren.«

Ich mache, was er sagt, und versuche, an nichts zu denken. Ich bleibe eine Nacht bei Manou. Sie will mich trösten, sie sagt, ich würde mich wieder erholen, ich sei zu jung gewesen für eine Schwangerschaft, ich müsse die Pille nehmen. Und dann fängt sie an, mir eine Menge über meinen Mann zu enthüllen. Ich kann diese himmelschreienden Geschichten kaum glauben.

Als ich nach Hause komme, liest er im Koran. Ich warte, bis er fertig ist, dann will ich mit ihm reden.

»Wenn Sie fertig sind, würde ich gern etwas mit Ihnen besprechen, das Manou mir gesagt hat.«

»Manou? Was hat sie gesagt?«

Ich habe Angst, er könne mir nicht glauben. Ich nehme das Telefon und sage: »Wenn Sie mir nicht glauben, rufen Sie an und fragen Sie selbst, ob ich lüge oder nicht. Manou hat mir erzählt, dass diese Wohnung gar nicht Ihnen gehört.«

»Was?«

»Offenbar ist die Wohnung auf einen anderen Namen eingetragen.«

»Ja. Das stimmt.«

»Ich habe auch erfahren, dass Sie hier eine Frau und ein Kind haben, eine Kapverdierin, und dass Sie offiziell noch eine andere Frau geheiratet haben – eine Holländerin kapverdischer Abstammung –, um Papiere zu bekommen. Darüber hinaus hat Manou erzählt, dass Sie nicht für die EU arbeiten – Sie sind ein Marabut, und Sie haben gar keine richtigen Papiere, sondern nur eine Duldung.«

Ich spreche schnell, um auch alles loszuwerden, was ich zu sagen habe.

Aber er unterbricht mich: »Habe ich nicht gesagt, du sollst den Kapverdiern nichts glauben? Sie haben nicht die gleiche Kultur und respektieren nicht dieselben Dinge wie wir. Sie können uns nicht verstehen und erzählen einfach irgendwas! Und ich sage dir, was ich will. Was du da gehört hast, darfst du nur aus meinem Mund erfahren. Von niemandem sonst!«, schreit er. »Und erzähle diese Lügengeschichten bloß keinem in Guinea! Ich habe Papiere, ich habe die holländische Staatsbürgerschaft, ich arbeite für die EU. Punkt. Du wirst niemandem etwas von mir erzählen, ich warne dich. Wenn ich herausfinde, dass du geplaudert hast, schicke ich dich nach Guinea zurück.«

Ich weiß, dass ich zu weit gegangen bin. Ich hätte Manou nicht glauben sollen, sie hat mir Märchen erzählt. Ich muss mir Mühe geben, ich bin nach Holland gekommen, um mit diesem Mann zu leben, nicht um Kapverdierinnen zu glauben. Ich darf nichts hinterfragen, das bringt nur Ärger.

Ich nehme die Pille nicht und bin im folgenden Monat wieder schwanger. Da eröffnet mir mein Mann, dass er nach Kap Verde und nach Guinea reist, um seine Frauen und seine Kinder zu besuchen. Ich sei »zu jung«, um ihn zu begleiten, doch er will nicht, dass ich allein bleibe.

»Ich kann dich nicht mitnehmen, du gehst zu Maria, einer Kapverdierin.«

Diese Kapverdierin hat eine Aufenthaltsgenehmigung in Holland. Mit ihr ist er offiziell verheiratet. Mein Mann bringt mich also zu seiner Frau …

18. KAPITEL

Für Marias Wohnung bekomme ich keine Schlüssel, doch ich bleibe zwei Monate dort. Wenn ich nach Hause komme, ist oft niemand da. Dann muss ich draußen in der Kälte warten, bis Maria oder ihre Kinder kommen.

Bei Maria ist alles anders. Es wird nicht viel geredet, wir wohnen einfach im selben Haus. Zumindest bekomme ich nachts keinen Besuch. Maria kocht Reis und Soßen, die ich nicht mag. Ich bitte ihren Sohn, mir etwas anderes zu essen zu besorgen. Er tut mir immer den Gefallen, er ist sehr hilfsbereit. Maria gibt mir Kleider, weil ich keine habe. Bevor mein Mann – unser Mann – abgereist ist, hat er nichts für mich gekauft.

Ich gehe nun zur Schule. Meine Lehrerin ist sehr nett, sie heißt Tresastoul. Ich spreche kaum Holländisch, und so können wir uns nur schwer verständigen, aber ich spüre, dass sie es gut meint. Wir sind etwa fünfzehn in der Klasse – Afrikaner, Surinamer, Chinesen, Pakistaner ... In dieser Schule geht es anders zu als in Conakry, hier gibt es auch ältere Leute, und ich verlebe schöne Momente. Wir essen zusammen im Speisesaal, unterhalten uns, lachen; ich gehe gern zur Schule. Doch es fällt mir schwer, morgens pünktlich zu sein und den Bus zu erwischen. Und es geht mir auch nicht besonders gut, ich habe so große Sorgen, dass ich mich auf nichts anderes konzentrieren kann.

Mein Mann ruft aus Guinea an, seine Stimme klingt fröhlich, er scheint dort glücklich zu sein. »Warte, ich gebe dir mal meine beiden Frauen.«

Seine erste Frau ist nett zu mir, wir unterhalten uns, und ich tue so, als ob … Doch im Grunde meines Herzens geht es mir nicht gut, ich bin eifersüchtig, ich will, dass er zurückkommt. Es ist hart zu hören, dass mein Mann auch noch eine andere hat, es ist hart, sich damit abzufinden, dass er mich allein gelassen hat und sein Leben nun für einige Zeit mit der anderen, ja, mit *den* anderen teilt.

Am Telefon ist mein Mann immer charmant. Dann wird er wieder so wie früher – selbstsicher und gut gelaunt.

Eines Tages holt er meine Mutter ans Telefon. Ich sage, alles sei in Ordnung, ich hätte Papiere, ich ginge zur Schule, ich hätte mein Baby verloren, aber ich sei wieder schwanger.

Schließlich kommt mein Mann von seiner Reise zurück. Als er mich bei Maria besucht, ist niemand zu Hause. Ich liege in Marias warmem Bett, weil ich erschöpft bin und Bauchschmerzen habe. Er will sich neben mich legen, doch ich protestiere:

»Nein, nein! Ich habe keine Lust, nein!«

»Hör mal! Wir haben uns seit über zwei Monaten nicht mehr gesehen, und du sagst nein?«

Ich sage, er hätte doch zwei Monate lang seine anderen Frauen zur Verfügung gehabt. Doch er macht mit mir, was er will; in Marias Bett. Dann steht er auf, zieht sich wieder an und sagt, auch ich solle aufstehen. »Wir gehen.« Ich verlasse Marias Haus, ohne mich von ihr zu verabschieden. Ich konnte nicht einmal mehr meine Sachen packen. Die Tür schlägt hinter uns zu.

Die Küchenschaben sind in unsere Wohnung eingefallen. In diesen zwei Monaten war ich fast nie dort. Ich hätte vor seiner Rückkehr putzen sollen, aber ich wusste ja nicht, wann er zurückkommt, und die Schwangerschaft macht mir zu schaffen. Ich mache sauber, dann erzählt er mir von seiner Reise.

Ich sage freundlich: »Schön, dass Sie meine Mutter und Ihre Frauen besucht haben.«

»Mit meinen Frauen läuft es gut, sie respektieren mich immer. Mehr als du übrigens. Du hast überhaupt keinen Respekt vor mir. Wenn du mir etwas zu trinken bringst, setzt du dich nicht einmal auf den Boden wie meine anderen Frauen.«

Ich sage, ich würde mich bemühen, aber ich weiß, dass ich es nicht schaffe.

»In Guinea habe ich erfahren, dass du dich nicht gut mit deiner Mutter verstanden hast.«

Das sagt er mir einfach so – ich bin baff. Ich will wissen, wer ihm das erzählt hat, ich finde das gemein.

»Deine Mutter hat gesagt, du wärst in Conakry ständig ausgegangen, wärst immer spät nach Hause gekommen, und niemand wusste, wo du warst, stundenlang wärst du bei den Nachbarn gesessen, oft hättest du auch außer Haus geschlafen.«

Er will gar nicht wissen, was zwischen mir und meiner Mutter vorgefallen ist, es interessiert ihn nicht. Ich weiß, was er will: Er will mich mitten ins Herz treffen, damit ich ihm nachher zu Füßen liege.

»Deine Mutter hat auch gesagt, alles wäre anders gekommen, wenn ich deine kleine Schwester geheiratet hätte, wie es mir dein Vater vorgeschlagen hat. Sie wäre mir sicher immer treu gewesen. Aber ich habe dich geheiratet, und alle wundern sich, warum du noch nicht nach Afrika zurückgekehrt bist, alle rechnen damit, dass wir uns trennen.«

Da es in meinem Land keine Arbeit gibt, ziehen die Leute ständig übereinander her. Jeder kennt jeden, und permanent erzählen sie irgendwelche Gemeinheiten herum. Etwas anderes haben sie nicht zu tun.

Doch ich versuche, mich zu wehren. »Es stimmt, dass ich viel unterwegs war und dass ich nicht gern bei meinen Eltern im Haus war, weil ich nicht bei ihnen aufgewachsen bin. Ich bin erst zu meinen Eltern gezogen, als meine Großmutter gestorben ist; ich hatte keine andere Wahl, und es fiel mir immer schwer, mit ihnen zusammenzuleben.«

Mein Mann will es weder wissen noch verstehen. Er will mir nur Schuldgefühle einreden, damit ich ganz durcheinanderkomme und sein Leben nicht hinterfrage. Wenn ich an meine Mutter denke, die zehnmal ins Feuer pusten muss, während das Kochen hier so einfach ist, sage ich mir, ich muss mir Mühe geben. Ich trage ein Kind unter dem Herzen und ich darf meinem Mann nicht widersprechen, auch wenn er mich provoziert.

Unser Leben nimmt wieder seinen normalen Lauf. Ich gehe morgens in die Schule, danach trödle ich nicht herum, ich gehe gleich heim; ansonsten verlasse ich das Haus nicht. Ich weiß nicht, ob ich ausgehen darf oder nicht, ich weiß nicht, ob ich es wagen kann, dies oder jenes zu tun, ich lebe in ständiger Angst, ohne es mir einzugestehen. Ich begreife nichts mehr, ich denke nur: tun oder nicht tun? Sagen oder nicht sagen? Ich weiß nicht mehr, was ich denken soll, ich bin total verwirrt. Selbst wenn ich mich anziehe, frage ich mich: Darf ich das tragen? Zuvor hat es mir Spaß gemacht, Kleider auszusuchen, mit den Farben zu spielen, die Tücher zu drapieren. Nun bereitet mir jeder lange Rock ein Problem. Nur um eines kümmere ich mich noch mit Sorgfalt: meine Haare. Mein Mann gibt mir jeden Monat Geld, damit ich mir die Haare waschen, die Spitzen einfetten und frisieren lassen kann.

Zu Hause bekommen wir ständig Besuch, hauptsächlich nachmittags; meist sind es Kapverdier, sehr viele Frauen und fast keine Männer. Oft warten mehr als fünf Personen. Ich biete allen Besuchern Getränke, manchmal auch Essen an und unterhalte mich mit ihnen, bis mein Mann den vorhergehenden Besucher zur Tür begleitet. Morgens steht er um sechs Uhr auf und betet, dann geht er aus dem Haus und sagt, er würde arbeiten, aber ich weiß weder wo noch was er arbeitet. Alles geht so weiter wie früher – als hätte Manou mir nie etwas gesagt. Ich denke nicht mehr an ihre Geschichten. Ich will nur, dass mein Kind dieses Mal lebt. Ich möchte nicht, dass mein Mann einen neuen Fluch über mich spricht.

Wenn ich Zeit habe, sehe ich fern. Dann muss ich nicht nachdenken. Mir öffnet sich eine andere Welt, ein anderes Leben. Ich denke nie daran, das Licht im Wohnzimmer anzuschalten, wenn es dunkel wird; das macht mein Mann, wenn er heimkommt, und jedes Mal schrecke ich aus meiner Welt auf. Oft geht er zum Fernseher, schaltet ihn aus und sagt, er würde schließlich die Rechnung bezahlen.

Immer geht es um Geld. Ich weiß, dass er meiner Familie etwas schickt. Meine Mutter sagt, das würde ihr helfen. Ich bin in der Klemme. Ich kann nur so leise wie möglich sein und hoffen, dass ihn die Geburt unseres Kindes beruhigt wie beim ersten Mal.

Im Krankenhaus habe ich einen Termin für eine Kontrolluntersuchung. Die Frau am Telefon wollte wissen, wie alt ich sei und ob es meine erste Schwangerschaft sei. Ich sagte: »Nein, die zweite.« Sie bat mich, meinen Pass mitzubringen.

Das Krankenhaus ist groß, ich bin beruhigt. Die Ärztin macht eine Ultraschalluntersuchung und sagt dann: »Da Sie Ihr erstes Kind kurz vor dieser erneuten Schwangerschaft verloren haben, müssen Sie gut auf sich aufpassen. Sie dürfen sich nicht aufregen, Sie müssen normal essen und viel trinken.«

Im Krankenhaus beruhigen sie einen immer. Diese Frau macht das gut. Sie sieht uns an, meinen Mann und mich; wir wirken wie ein ganz normales Paar, das ein Kind erwartet, und ich finde das auch normal.

Auf dem Heimweg sagt mein Mann, er sei beruhigt. Wenn ich hier ein Kind zur Welt bringe, sei alles einfacher. Ich sehe ihn an, während er spricht, ich höre, was er sagt, und möchte es glauben. Ich glaube, dass endlich alles gut wird. Die Kinder sichern mir ein Heim. Ich müsste mich nicht mehr bedroht fühlen und wäre wie seine anderen Frauen, die auch ein Kind von ihm haben.

Doch dass ich ein Kind von ihm erwarte, hindert ihn nicht daran, mich zu schlagen. Ich bekomme sogar noch mehr Ohrfeigen, und er zerreißt oder zerschneidet meine Kleider. Ich wehre mich nicht. Wo sollte ich hingehen? Wäre meine Mutter da, könnte ich mich ihr anvertrauen, aber ich habe niemanden, ich kenne niemanden außer diesen Kapverdierinnen, die meinen Mann besuchen.

Wenn jemand anruft, richte ich die Nachricht immer aus. Selbst wenn es eine Frau ist, gehe ich hinunter zur Telefonzelle und rufe sie mit meiner Telefonkarte zurück. Wenn diese Frauen Geld brauchen, sage ich es gleich meinem Mann. Ich bin eine loyale Frau, auch gegenüber meinen Nebenbuhlerinnen.

Der Onkel kommt wieder und bleibt eine Weile bei uns. Er war sechs Monate im Lager, sein Antrag auf politisches Asyl wurde jedoch abgelehnt. Mehr weiß ich nicht. Er hat sich nicht verändert, er ist immer noch genauso nett und zuvorkommend. Ich bin gern in seiner Gesellschaft, auch wenn ich weiß, dass er mich nicht vor den Bosheiten meines Mannes beschützen kann. Neben dem Onkel beherbergen wir drei weitere Personen, die einige Tage nach ihrer Ankunft in Holland ein Visum bekommen haben. Wir sind also zu sechst in der Wohnung; nach dem Abendessen werden überall Matratzen ausgelegt.

Ich koche, ich mache alles. Einkäufe, Küche – in diesen Tagen koche ich sechs Kilo Reis –, Tischdecken, Abwasch. Das ist hart. Ich muss immer noch mit den Händen sprechen, um mich verständlich zu machen. Und ständig habe ich schreckliche Angst, einen Fehler zu machen und gerügt zu werden. Von morgens bis abends bin ich auf den Beinen und gehe auch zur Schule. Durch die Schwangerschaft strengt mich das noch mehr an.

Den Leuten, die zu uns kommen oder bei uns wohnen, sage ich nicht, was mein Mann so treibt. Ich sage keinem etwas. Wenn er angibt und über seine Erfolge und seine Arbeit bei der EU prahlt, schweige ich. Oft sieht er mich dann an, und ich schlage die Augen nieder und warte, bis es vorbei ist. Ich schließe mich immer mehr in meinem Schweigen ein. Wenn ich aus dem Haus gehe, ruft er mich ständig auf dem Handy an und will wissen, wo ich bin, wann ich zurückkomme und mit wem ich mich herumtreibe. Aber ich treibe mich nie herum. Alles, was ich neben der Schule tue, mache ich für ihn, und dabei muss ich mit der Angst im Bauch leben. Er verbietet mir, Hosen zu tragen, weil sich die Unterhose darunter abzeichnet. Bei uns dürfen Frauen keine Hosen tragen; sonst heißt das, sie wollen ihren Mann verlassen und sich woanders umsehen. Ich trage also keine Hosen mehr, ich ziehe Röcke an und sage ihm stundenlang seinen Koran auf.

Mein Bruder kommt aus Guinea, mein Mann hat alles geregelt und bezahlt, wie er es meinen Eltern versprochen hat. Ich freue mich, dass mein Bruder da ist; so fühle ich mich meiner

Familie und der Welt, die ich zurückgelassen habe, wieder näher. Während er bei uns ist, kaschiere ich, so gut es geht, was mein Mann treibt. Und da sich mein Bruder nicht für meine Situation interessiert, ist das auch nicht besonders schwierig. Nach knapp zwei Wochen reist er nach Deutschland ab, wo er studieren will.

Wir lassen eine weitere Ultraschalluntersuchung machen. Alles in Ordnung. Die Ärzte überweisen mich an eine andere Praxis, ich muss einmal im Monat dort hingehen und nachsehen lassen, ob alles so gut weitergeht wie bisher.

Mein Mann ist zufrieden. »Dieses Kind wird leben, du wirst schon sehen. Ich freue mich.«

Mein Mann, der Marabut, hat gesehen, dass dieses Kind zur Welt kommen und mir helfen wird, mein Leid zu überwinden. Zum ersten Mal bin ich gerührt und ich merke, dass es ihm genauso geht. Wir gehen nach Hause, ich bin ganz aufgeregt, ich denke an das Kind, das ich verloren habe, und an das Baby hier, das ich langsam lieb gewinne … Ja, ich bin schwanger. Ich finde keine Worte, um meine Gefühle auszudrücken, aber ich weiß, dass sie stark sind, süß sind, und das bringt mich zum Weinen. Ich werde alles tun, um bei meinem Mann zu bleiben und ihn zu befriedigen. Ich weiß, dass er Angst hat, ich könnte ihn verlassen, und dass er die ganze Zeit nur daran denkt. Und ich sage mir: Deshalb ist er so hart. Doch nun wird alles besser. Wir werden zusammen ein Kind haben. Ich denke an das, worum ich seit meiner Kindheit gebetet habe: »Guter Gott, gib mir einen Mann, den ich liebe und der mich liebt.«

19. KAPITEL

Ich weine ständig.

»Du hast am Anfang deiner ersten Schwangerschaft dauernd geweint, und dein Baby ist gestorben. Dieses Mal weinst du wieder, dein zweites Kind wird auch sterben.«

Mehrmals am Tag droht mir mein Mann, ich würde mein Kind verlieren, wenn ich ihm nicht gehorche. Er hört auch nicht auf, wenn ich widerspreche und sage, dass er mit seinen Worten kein Unglück über diese Schwangerschaft bringen soll. Manchmal schlägt er mich und entschuldigt sich gleich dafür. Ich weiß nicht, ob es besser ist, wenn er mich um Verzeihung bittet, aber ich habe das Gefühl, dass es mir hilft. Ich sage mir, er wird es nicht wieder tun. Doch wenn ich weine, macht er sich über mich lustig und sagt, ich würde alles dramatisieren.

Immer wieder kauft er sich sündhaft teure Anzüge. Und ich habe nichts. Ich trage immer dieselben Kleider auf dem Leib. Wenn ich es wage, ihn um etwas zu bitten, sagt er, es lohne nicht, schließlich sei ich schwanger.

Manou greift ein: »Nur weil deine Frau ein Kind erwartet, heißt das nicht, dass sie keine Kleider braucht. Sie ist jung, sie muss doch auf sich achten.«

Einmal nimmt er mich mit auf den Markt, dort darf ich mir etwas von den Metallständern aussuchen, wo alles nur fünf oder zehn Gulden kostet. Ich nehme einen Mantel gegen die Kälte. Doch wenn er mir etwas kauft, muss ich dafür bezahlen –

mit meinem Körper, mit Drohungen, die er mir ins Gesicht schleudert. Das Wenige, das er mir gibt, dient der Erpressung, der Beschimpfung, der Vergewaltigung.

Wenn ich aus Versehen den Reis anbrennen lasse oder vergesse, das Gas abzustellen, stürzt er sich auf mich und brüllt: »Warum bist du gekommen? Warum habe ich dich nur kommen lassen?«

Das frage ich mich auch: Warum bin ich hier, und wie kann es sein, dass mein Leben von einer Minute auf die andere zum Albtraum geworden ist? Doch ich kann nicht zu meinen Eltern zurück, auf keinen Fall; das wird mir jedes Mal klar, wenn ich mit meiner Mutter spreche. In Afrika läuft es immer schlechter. Mein Vater kann seine Familie nicht mehr ernähren. Die Frauen müssen sich abrackern, damit ihre Kinder etwas zu essen haben. Meine Mutter will wissen, warum ich nicht arbeite und ihr kein Geld schicke. Sie ist überzeugt, dass ich in Holland in den Tag hinein lebe und gar nicht an meine Familie und deren Schwierigkeiten denke. Ich sage ihr nicht, wie mein Leben aussieht, die Heimlichkeiten und die Gewalttätigkeiten meines Mannes verschweige ich; ich spiele die glückliche junge Ehefrau, und meine Mutter versteht nicht, wieso ich ihr nicht mehr helfe.

Jeden Morgen wünsche ich mir, der Tag möge nie vergehen und der Abend nie kommen. Oft wache ich die Nacht durch, ohne mich hinzulegen. Ich sitze im Flur auf einem Stuhl und weigere mich, ins Bett zu gehen.

Er sagt: »Geh schlafen!«

Aber ich habe Angst, weil ich weiß, dass er auf mich wartet. Manchmal reden wir, dann schließe ich leise die Tür, damit uns die Leute nicht hören, die im Wohnzimmer schlafen.

»Bitte, lassen Sie mich schlafen. Wir reden morgen darüber, wenn Sie wollen, aber jetzt … Bitte, ich bin so müde.«

Aber nein. Er macht aus allem eine Geschichte, immer sucht er Probleme, wo es keine gibt. Manchmal treibt er mich so weit, dass ich die ganze Nacht weine. Ich sage, ich hätte keine Lust, schlafen zu gehen, denn ich weiß, was mich dann erwartet. Wenn ich also nicht mehr kann und er schon schläft, lege ich mich einfach auf den Boden, strecke mich aus und schlafe gleich ein. Und wenn ich wieder zu mir komme, ist die Sonne schon aufgegangen.

Am Morgen muss ich mich fertig machen und Brot und Fruchtsäfte holen, bevor unsere »Gäste« aufstehen. Voll beladen mit großen Plastiktüten – und mit meinem großen Bauch – komme ich zurück. Ich bin die Einzige, die einkaufen geht, Essen kocht, den Tisch deckt, die Wohnung putzt und den Abwasch macht.

Mein Mann findet immer, dass ich nicht genug arbeite. Und er meint, ich würde nicht oft genug beten. Damit will er mir sagen, dass ich eine schlechte Ehefrau bin. Egal, was ich mache, für ihn werde ich nie genug beten!

»Schämst du dich nicht? Alle meine Frauen beten. Alle meine Frauen gehen in die Moschee und achten ihr Leben lang den Koran. Ich kann nicht mit einer Frau leben, die nicht fünfmal am Tag betet.«

Und er schlägt mich und schlägt mich. Dabei verstehe ich nicht, wieso er sich dafür verantwortlich fühlt, wenn seine Frau nicht betet wie eine gute Muslima. Er ist überzeugt, dass er ein Ungläubiger wird, wenn ich nicht die ganze Zeit bete. Ich versuche, ihm zu erklären, dass ich nicht so bin wie seine anderen Frauen und dass ich auch sehr viel jünger bin. Ich sei eben so, wie ich bin, und die anderen seien so, wie sie sind!

»Halt den Mund! Hör auf, mir Geschichten zu erzählen. Sieh dich doch an! Du bist noch ein kleines Kind und wagst es, so mit mir zu sprechen!«

»Was? Ich bin ein Kind? Und Sie haben mich geheiratet? Heiratet man denn ein kleines Kind?«

Das hätte ich mir besser verkniffen! Die Schläge prasseln auf mich herab. Ich versuche, meinen Bauch zu schützen. Mein Kind. Er wird meinem Kind wehtun.

Er mimt den Marabut. Ich lebe mit einem Mann, der nachts schweißgebadet aufwacht und schreit: »Ich habe geträumt, man hätte dir den Kopf abgehackt!« Er schüttelt mich und weckt mich, er reibt mich mit Tinkturen ein, er sagt, er würde mich heilen. Aber wovon denn heilen? Eine Frau hat mir erzählt, wie er vorgeht: Wenn der Besucher ins Zimmer kommt – meist eine Frau –, nimmt er das Geld und legt es unter den Teppich. Er hört zu und zeichnet etwas auf ein Blatt. Während er in eine Wasserschüssel blickt, denkt er nach und beantwortet dann die Frage, die man ihm stellt. Und dann erfindet er neue Probleme dazu: Er sagt seinem Besucher, dass er krank sei, damit er ihn wieder um Hilfe bittet und mehr Geld bezahlt. »Wenn ich dich heilen soll, musst du mir fünfhundert Gulden bringen.« Aber diese armen Leute sind nicht krank, sie werden nur von einem Marabut ausgebeutet.

Ich muss seine Gehilfin spielen, muss ihm bei der Arbeit assistieren, die für andere Leute bestimmt ist. Ich richte Dinge aus, wenn jemand anruft, ich empfange die Gäste und biete ihnen etwas an, wenn nötig, betreibe ich Konversation mit ihnen. Ich lächle, ich spiele die wahrhaft strahlende Hausherrin. Doch wenn wir zu zweit sind, ist nichts wahrhaftig, keine Sekunde lang, alles ist gelogen. Mein Mann ist bis ins Mark eine einzige Lüge.

Der fünfte Schwangerschaftsmonat geht zu Ende. Ich berühre meinen Bauch, streiche immer wieder darüber. Ich versuche, an nichts anderes zu denken, ich rede mir ein, dass in meinem Leben nichts anderes zählt. Ein Kind wächst in mir. Ich werde Mutter. Ich bin zwar erst sechzehn, aber ich werde ein Kind haben, bald werde ich die Frucht all dessen ernten, was ich durchmache, und alles Übel wird vergehen. Wenn mir mein Mann zehn Gulden für Einkäufe gibt, gebe ich neun aus und lege einen für mein Kind auf die Seite. Wenn ich kann, kaufe ich Babysachen – einen Strampelanzug, winzige Söckchen. Ich halte haus. Manou rät mir, etwas von dem Geld unter dem Teppich im Zimmer meines Mannes zu stehlen.

»Das ist doch egal – du kannst das Geld nehmen, er hat so viel, dass er es gar nicht merkt.«

Ich sage nein. Dass ich meinen Mann bestehle, kommt gar nicht in Frage.

»Ich nehme das, was Ousam mir gibt. Eine Frau darf ihren Mann nicht bestehlen.«

»Stimmt«, sagt Manou, »aber er gibt dir kein Geld, und er kauft dir auch nichts, also kannst du es stehlen.«

»Aber nein, Manou, ich stehle nicht. Er ist mein Mann.«

Ich würde mir so wünschen, dass er mich liebt, dass er mir vertraut, dass er mich mit anderen Augen sieht. Also stehle ich nicht, ich fege, ich putze, ich kaufe ein. Wenn ich beim Putzen Geld auf dem Boden finde, gebe ich es ihm, sobald er heimkommt. Wenn ich kann, schicke ich meiner Mutter ein wenig Geld, obwohl ich weiß, dass mein Mann ihnen auch etwas gibt. Er schickt meinem Vater etwa sechzig Gulden im Monat.

Eines Tages kommt ein Freund von ihm. Der Mantel meines Mannes rutscht mir aus der Hand, seine Duldungsbescheinigung fällt heraus.

Der Mann hebt die Karte auf, sieht sie an und sagt: »Was ist denn das? Ich dachte, dein Mann hätte richtige Papiere.«

Ich sage, ich wisse es nicht, ich stelle mich dumm.

»Tz, tz. Du lügst mich an, und dein Mann lügt mich ebenfalls an.«

»Aber nein«, sage ich – da kommt mein Mann herein.

Der Freund wiederholt seine Frage, mein Mann sagt, er habe beides, Duldung und Bleiberecht. Als der Mann auf die Bitte meines Mannes hin Brot kaufen geht – mein Mann will ihn für eine Weile loshaben –, erlebe ich eine der schlimmsten Szenen meines Lebens.

»Du hast die Karte genommen und sie ihm gezeigt! Habe ich dir nicht gesagt, du darfst keine Geheimnisse verraten und mit niemandem über mich sprechen?«

»Ich habe nichts gemacht! Ich habe den Mantel genommen, und die Karte ist herausgerutscht. Er hat sie aufgehoben und angesehen.«

»Willst du mit ihm durchbrennen? Ist es das? Dann geh! Aber erzähle keinem etwas von mir!«

»Ich habe doch gar nichts gemacht!«

»Halt den Mund! Verschwinde! Geh in dein Zimmer. Ich werde dich in Stücke reißen, pass bloß auf. Wir regeln das morgen. Dafür wirst du bezahlen, das verspreche ich dir.«

Es klingelt. Das muss der Freund sein, der von der Bäckerei zurückkommt. Mein Mann öffnet.

Der Freund fragt: »Wo ist deine Frau?«

Mein Mann sagt, ich sei in mein Zimmer gegangen, um zu beten. Ich bin in mein Zimmer gegangen – aber um zu weinen. Wer holt mich da raus?

Eines Abends gehen wir mit den Kapverdiern aus. Wir gehen tanzen. Ich trage einen Rock. Ich habe zwar einen dicken Bauch, aber ich freue mich aufs Tanzen. Seit meiner Abreise aus Conakry gehe ich zum ersten Mal wieder feiern. Mein

Mann fordert mich nicht zum Tanzen auf, dafür kommt ein anderer Mann. Ich sage nicht nein.

Am nächsten Morgen schimpft mein Mann: »Schämst du dich nicht? Du bist schwanger und tanzt mit einem anderen Mann!«

Ich sage, dass schließlich er mich in das Lokal mitgenommen und ich nichts Böses gemacht hätte. »Ich konnte mich nicht einmal mit diesem Mann verständigen. Wir sprechen nicht dieselbe Sprache. Sie müssen keine Angst vor Fremden haben. Keine Sorge!«

Doch es ist so schwer. Wenn ich auf der Straße einen Polizisten sehe, klopft mein Herz wie wild. Ich habe Angst, dass er mich verhaftet und ich beweisen muss, dass ich das Recht habe, hier zu sein. Ich habe keine Papiere, ich bin illegal, ich bin schwarz hier. Und wenn ich nach Hause komme, finde ich einen gewalttätigen, verrückten Mann vor. Ich kann so nicht weiterleben.

Sechster Schwangerschaftsmonat. Ich gehe oft zur Kontrolle. Man wiegt mich, macht Ultraschallaufnahmen, horcht die Atmung des Kindes ab, und jedes Mal muss ich das Heftchen mitbringen, das man mir am Anfang gegeben hat. Der Doktor und die Krankenschwestern schreiben alles da hinein. Manchmal begleitet mich mein Mann, aber nicht immer. Dann sagt er, er habe anderes, Wichtigeres zu tun und könne sich nicht ausschließlich um mich kümmern, ich müsse lernen, allein zurechtzukommen. Meistens bestehe ich darauf, dass er mitkommt, doch er regt sich auf, weil er die Arztbesuche bezahlen muss.

»Ist dir denn nicht klar, dass es nicht nur dich gibt? Ich habe auch noch andere Frauen. Es kann nicht immer nur alles für dich sein.«

Ich betrachte die anderen Paare, sie sehen glücklich aus, nicht so wie wir, wir streiten die ganze Zeit über unangenehme Dinge und versuchen, uns zu rechtfertigen. Vor dem Arzt gibt mein Mann vor, er sei mein Vetter. Er ist ja schon verheiratet, also kann er nicht sagen, dass ich seine Frau bin. Einige Krankenschwestern merken, dass ich Angst habe, sie sagen, ich solle mich beruhigen, und versichern mir, mit dem Baby sei alles in Ordnung, ich müsse zur Ruhe kommen. Wenn ich mein Kind beim Ultraschall auf dem Monitor gesehen habe, geht es mir besser. Bald bin ich Mutter.

Wir kaufen Sachen für das Baby. Das Bett stelle ich in mein Zimmer. Es macht mich überglücklich. Wir kaufen Babyschuhe und winzige Kleider. Ich habe das Gefühl, je weiter die Schwangerschaft fortschreitet, desto mehr Abstand kann ich zu diesem Mann gewinnen, ich bin ruhig und ertrage seinen Körper auf mir. Ich fasse schließlich Vertrauen ins Leben, denn das Wichtigste ist das Baby, das bald kommt. Dieses neue Leben wird mein Leben verändern. Ich kämpfe. Ich spüre, dass alles anders wird. Doch ich stelle mir auch Fragen. Bin ich an der schwierigen Beziehung zu meinem Mann schuld? Oder kann ich gar nichts dafür? Dieser Mann hat mir schließlich ein Kind gemacht, dafür müsste ich ihm dankbar sein. Und so fühle ich mich an allen Szenen schuldig, die er mir macht. Ich trage sein Kind in mir – also kann er doch gar kein Monster sein! Ich achte darauf, ihn nicht zu provozieren. Denn so ist es wohl: Ich provoziere ihn, und das ist nicht gut.

Ich spüre, dass ich einen Jungen bekomme. Ich stelle mir vor, wie ich mit ihm spiele und mich um ihn kümmere. Endlich werde ich Mutter. Ich habe ein Kind verloren, aber nun kommt ein anderes. Ich weiß, dass auch drei seiner anderen Frauen schwanger sind, aber das ist mir egal, ich bin nicht mehr eifersüchtig. Am Ende werde ich genauso wichtig sein wie sie, auch ich werde die Mutter eines seiner Kinder sein.

Dann bin ich nicht mehr nur Hausfrau, sondern Mutter. Das ist ein Unterschied. Manchmal sagt er sogar, ich sei stark, weil ich mich trotz Schwangerschaft um den Haushalt kümmere.

Wenn wir sonntags bei Manou zu Mittag essen, behauptet mein Mann vor unseren kapverdischen Freunden, dass er mir mehr helfen will. Er sagt viele schöne Sachen, doch er tut nichts. Die Leute sehen uns und stellen sich keine Fragen, außer Manou und ihre Familie. Alle denken, er sorge für mich, weil ich schwanger bin; in der Öffentlichkeit benimmt er sich ja auch zuvorkommend. Er spricht mit Frauen und fragt sie, was ich in meinem Zustand machen und nicht machen darf, er bittet sie ganz harmlos um Rat. Aber das ist nur Theater. Seine Lügen fallen nacheinander in einen Mülleimer, den nur ich kenne. Er sagt, er würde mit meinem Vater nach Mekka pilgern. Ich weiß, dass er das niemals tun wird. Doch wenn er so etwas behauptet, denkt er, es sei so, er glaubt es selbst. Bei seinen Geschäften ist er genauso unaufrichtig – er bringt die Leute dazu, ihr Haus und ihr Land in Guinea zu verkaufen, und lässt sie einreisen, damit er ihnen zweitausend Gulden aus der Tasche ziehen kann. Doch sind sie erst einmal hier, hilft er ihnen nicht einmal mit den Aufenthaltspapieren. Alles, was er sagt oder tut, ist zerstörerisch.

Ich verschanze mich in meinem Zimmer, nehme ein Plüschtier vom Kinderbett und drücke es mit aller Kraft an mich. Und dann heule ich. Ich weine um mich, mein Leben, seinetwegen. Was hat dieses Leben denn für einen Sinn? Die Wut erstickt mich. Diese Ungerechtigkeit wird mich umbringen. Ich bin halb lebendig, halb tot. Nie kann ich etwas genießen, nie kann ich in Frieden leben. Denn mein Mann wird immer härter und brutaler zu mir. Wenn ich mit ihm sprechen und ihm klarmachen will, dass er sich ändern muss, schlägt er mir ins Gesicht, oder er nimmt den Gürtel. Ich weiß, dass er mich pausenlos anlügt, ich weiß, dass er sich mit anderen Frauen trifft und hin und wieder auch die Nacht mit ihnen verbringt. Wahrscheinlich meint er, dass er mich, dieses kleine Mädchen, töten kann, kaltmachen kann, ohne dass jemand auch nur das Geringste sagt. Denn sie hat hier weder Vater noch Mutter, noch Schwester, noch Bruder, sie hat niemanden, der ihr hilft. Sie kennt keinen Menschen.

Wenn es mir nicht gut geht, schlucke ich meine Wut hinunter. Nach der Hausarbeit sitze ich stumm vor dem Fernseher. Um 17 Uhr kommt eine Serie, die ich gern sehe, sie spielt in Spanien, und es gibt Liebesgeschichten; das gefällt mir, es erinnert mich an Afrika. Doch dann kommt mein Mann, schaltet das Gerät aus und sieht mich scharf an. Oder wenn er, wie so oft, der Meinung ist, ich sei zu lange unter der Dusche, dreht er einfach das warme Wasser ab. Ich schreie auf, weil plötzlich nur noch kaltes Wasser kommt, es ist ein Albtraum, doch er sagt dann immer, schließlich würde er alle Rechnungen bezahlen und ich würde nie Rücksicht darauf nehmen, dass er auch noch andere Frauen und Kinder zu unterhalten hat. Weil er immer so herumschreit, spüre ich, dass sich mein Wesen verändert, ich gewöhne mir schlimme Dinge an. Ich beherrsche mich nicht mehr, ich kann lauter und länger schreien als er, ich habe das Gefühl, es gibt keine Grenzen mehr. Dann verlasse ich das Haus, um mich zu beruhigen, ich sitze irgendwo draußen und führe Selbstgespräche wie eine Irre. Wen soll ich rufen? Niemand kann mir helfen. Tränen ändern nichts, ich tue mir damit keinen Gefallen, und er freut sich nur. Also gehe ich wieder nach Hause.

Manou versteht nicht, dass meine Eltern mich zu diesem Mann gehen ließen. Ich versuche, die Dinge klarzustellen und meine Eltern nicht für das verantwortlich zu machen, was aus meinem Leben geworden ist. Ich sage, es sei Gottes Wille gewesen.

Innerlich bin ich zwar reich, doch ich merke, dass mich die Leere umgibt und ich in dieser Wüste gefangen bin. Ich erwarte keine Liebe mehr, weil ich begriffen habe, dass ich nie genügend Vertrauen zu diesem Mann haben kann. Nach dem Leiden trete ich also in eine neue Phase: Wie komme ich da wieder heraus? In gut zwei Monaten wird mein Kind da sein.

Ich sehe weiterhin viel fern. Eines Tages kommt etwas, das mich völlig verblüfft: Ein Flugzeug prallt in einen Turm und bohrt sich vollständig hinein. Es ist wie ein Trickfilm – doch ich spüre, dass das hier schlimm ist. Kurze Zeit später geht es wieder los – ein anderes Flugzeug prallt in einen anderen Turm, der genauso aussieht wie der erste. Ich begreife nicht, was da geschieht, weil ich die Sprache nicht verstehe. Ich weiß, dass es in Amerika ist, ich merke, dass die Amerikaner gerade etwas Unvorstellbares durchmachen und die ganze Welt Anteil nimmt. Ich sehe Leichen, viele tote und sterbende Menschen. Auf allen Kanälen kommen diese Bilder. Das tut mir weh. Ich bin traurig. Mit meinem großen Bauch komme ich mir so schwer vor, ich will nicht sitzen bleiben, doch gleichzeitig kann ich die Augen nicht vom Bildschirm nehmen. Ich sehe verzweifelte Leute aus Fenstern springen, um den Flammen zu entkommen, sie fallen und sterben. Andere sind unter Tonnen von Schutt begraben. Mich schaudert bei diesen Bildern so fürchterlich, als würde dieses Unglück mich betreffen. Ich verliere alles Vertrauen in diese Welt. Wie kann man so verzweifelt sein, dass man sich in den Abgrund stürzt? Wenn so schöne Türme, in denen sich Menschen befinden, von Flugzeugen angegriffen werden, kann es auf dieser Welt nichts Gutes geben. In diesen Minuten glaube ich an gar nichts mehr, ich verliere jede Hoffnung.

Mein Mann sieht es auch, er sagt, ich sei nicht in Gefahr. Er konzentriert sich auf die Worte des Sprechers und versucht zu verstehen, was geschehen ist. Es ist nicht so, dass er sich über all die Toten gefreut hätte, aber als man die Schuldigen an diesem Attentat nennt, sagt er, die Muslime würden sich nun rächen, und das sei gut so. Ich würde am liebsten weglaufen – wie kann er es gut finden, dass Menschen ihr Leben verlieren? Er, ein Mann, der so viel auf das Gebet hält?

Mein 11. September war der Tag, an dem ich begriffen habe, dass mein Mann die Macht mehr liebt als das Leben.

20. KAPITEL

Am Abend des 19. November liege ich da, ich hebe meine Beine an und balanciere einen Ball auf meinen Füßen. Das sei gut für meinen Bauch und für den Kreislauf, hat mir Manous Tochter erklärt und mir diesen Ball gebracht. Als hätte ich ein neues Spiel gefunden – es gefällt mir, den Ball kreisen zu lassen, ohne dass er hinunterfällt. Es ist entspannend.

Plötzlich fährt mir ein Schmerz in den Rücken, dann bekomme ich Bauchschmerzen. Ich sage es meinem Mann. Er meint, es sei vielleicht wegen des Balls und ich solle aufhören zu spielen.

Gegen Mitternacht habe ich schreckliche Schmerzen. Ich soll nicht klagen, befiehlt er mir.

»Du bist nicht die Einzige, die schwanger ist. Ich habe schon viele Frauen gesehen, die kurz vor der Niederkunft standen. Die Ärzte sagen, dass du noch Zeit hast. Warten wir es also ab.«

Ich merke, dass er sich aufregt, er fängt an zu schreien. Ich habe Angst. Ich gehe in mein Zimmer und packe den Koffer für das Baby. Dann kann ich nicht mehr, ich bitte meinen Mann, einen Krankenwagen zu rufen.

»Ich kann keinen Krankenwagen rufen, weil ich schon verheiratet bin. Ich darf nicht mit dir zusammen sein. Ich rufe ein Taxi.«

Eine Viertelstunde später nehme ich den Koffer, wir gehen die Treppe hinunter. Im Taxi habe ich solche Schmerzen, dass ich fast nichts mehr sehe. Ich weiß nicht, wie mir geschieht, ich leide so sehr, dass ich nicht mehr weiß, was ich machen soll.

Auf der Geburtsstation horcht man mich gleich ab. Eine Frau übersetzt die Worte der Ärzte ins Französische. »Es ist noch nicht so weit, Sie kommen noch nicht nieder. Wir können Sie nicht hierbehalten, Sie müssen nach Hause gehen. Doch wenn es nicht besser wird, kommen Sie wieder.«

Ich fahre mit dem Taxi nach Hause. Auf der Treppe stolpere ich, weil ich vor Schmerzen immer noch nicht richtig sehe. Ich nehme eine Dusche. Ich habe das Gefühl, mein Bauch wird immer schwerer. Ich will mich hinsetzen, doch ich spüre, dass der Kopf des Babys drückt. Es kommt; ich weiß es. Ich ziehe mich so schnell wie möglich an und sage es meinem Mann. Er sagt, ich soll ihn in Ruhe lassen, er will schlafen. Morgen muss der Marabut früh aufstehen und arbeiten.

»Geh schlafen. Im Krankenhaus haben sie doch gesagt, dass alles in Ordnung ist. Also nerv mich nicht!«

Er meint, ich würde Theater spielen, um ihm auf die Nerven zu fallen. Um ein Uhr dreißig verliere ich Blut. Ich gehe zu meinem Mann. »Stehen Sie auf? Es geht nicht mehr, ich muss ins Krankenhaus.«

Ich höre, wie er telefoniert. Er klagt, sagt, er sei am Ende.

Eine Hebamme kommt ins Haus und untersucht mich. »Das Kind atmet noch, aber schwach. Wir müssen schnell in die Klinik.«

Dieses Mal merkt mein Mann, dass ich nicht fantasiere; er ruft ein Taxi. Wir gehen die Treppe hinunter, ich sehe nichts mehr. Im Taxi bete ich inbrünstig, ich bete, dass ich ein gesundes Kind zur Welt bringe. Dieses Kind muss mein Leben mit diesem Mann verändern. Ich hoffe, dass Gott mich beschützt, ich bete inständig, er möge mein Kind retten, wohingegen *ich* meine, sterben zu müssen.

Mein Mann sagt: »Wenn du dieses Kind verlierst, dann liegt es daran, dass du mir immer widersprichst und mir nicht gehorchst.«

Er macht mir Angst. Und doch ist er der Einzige, mit dem ich reden kann, der Einzige, den ich kenne. Er ist böse, aber *er* ist der Vater meines Kindes.

Im Krankenhaus setzen sie mich in einen Rollstuhl und bringen mich in den Kreißsaal. Zwei Hebammen kümmern sich um mich. Eine Weiße und eine Afrikanerin.

»Keine Sorge, alles wird gut.«

Sie machen eine Ultraschallaufnahme. Die Ärztin sieht mich an. Es ist zwei Uhr morgens. »Seit zwanzig Minuten atmet Ihr Kind nicht mehr. Wir müssen operieren, es wird alles gut gehen. Haben Sie keine Familie?«

Mein Mann sagt, nein, *ich* hätte keine Familie. Er sei nur mein Vetter. Und ich will nur eins: dass man das Kind aus meinem Bauch holt.

Ich soll erst am nächsten Morgen operiert werden. Unterdessen betrachte ich meinen Bauch und sage mir: Da drin ist mein totes Kind.

Mein Mann ist gegangen; ich weiß nicht, wohin. Ich bin allein. Ich warte. Ich nehme jede Stunde, wie sie kommt, und lebe ins Ungewisse hinein.

Mein Mann kommt zurück. Als »Vetter« kann er nicht lange bleiben. Meine Arme sind voller Infusionsschläuche. Ich lebe nicht mehr. Von dem Moment an, da man mir gesagt hat, dass mein Kind tot ist, weiß ich nichts mehr. Sie haben mich wohl unter Medikamente gesetzt, ich bin träge. Ich weiß alles, aber nichts berührt mich, als würde ich nicht mehr existieren.

Ich denke an mich, an mein Leben. Nun, da mein Kind tot ist, will ich auch nicht mehr leben. Aber ich liege ruhig da und warte, was kommt. Das Kind kommt nicht von allein aus meinem Bauch, man muss es herausoperieren. Man bringt mich in den OP. Dort bedeckt man mich mit einem grünen Tuch und legt mir eine Maske an, ich tauche ab. Als ich wieder erwache, ist das Kind nicht mehr in meinem Bauch. Alle denken, ich sei dreiundzwanzig, denn in meinen Papieren ist dieses Alter angegeben. Ich habe starke Medikamente bekommen. Ich bin völlig fertig.

Ich habe Angst, dass mein Mann mich nun verlässt. Ich fürchte mich davor, nach Hause zurückzugehen. Ich bin sicher, dass dieses grauenvolle Leben wieder von vorn beginnt. Ich wäre allein mit ihm. Hier im Krankenhaus behauptet er weiterhin, er sei nur mein Vetter. Und ich verberge die Wahrheit, weil ich sogar im Beisein der Ärzte und Schwestern Angst vor ihm habe.

Sie haben das Kind entbunden und Fotos gemacht. Dann haben sie es in einen kalten Raum gebracht, in ein Eishaus, ein Leichenschauhaus. Ich weine. Marylène, eine Hebamme, kommt regelmäßig in mein Zimmer und sagt immer wieder leise auf Holländisch oder in schlechtem Französisch: »Nein, Sie dürfen nicht weinen.«

Sie sagt: »Es tut uns so leid, dass Sie das Kind verloren haben. Es war ein Mädchen. Es wog dreieinhalb Kilo. Es war normal.«

Ein Mädchen!

Ich hatte ein Mädchen erwartet! Ich hätte ein Mädchen bekommen sollen! Das macht es nur noch schlimmer – als hätte ein Junge mehr Kraft gehabt, noch eine Weile durchzuhalten, als wir im Krankenhaus ankamen … Ich weiß, dass das

Blödsinn ist. Marylène redet weiter. Mein Mann ist da und übersetzt für mich. Dann geht sie.

»Lass es gut sein«, sagt mein Mann, »du hast nichts, du hast keine Aufenthaltsgenehmigung. Mach keine Probleme. Wenn du nicht wieder in dein Land zurückkehren willst, dann halt den Mund und tu, was sie sagen.«

Zehn Minuten später kommt Marylène mit meinem Kind und legt es mir in die Arme. Ich sehe dieses Baby, von dem ich so geträumt habe. Ich halte es, es ist gut entwickelt. Es ist eiskalt. Den anderen Frauen im Zimmer bringt man ihre Kinder zum Stillen. Und ich liege hier mit meinem toten Kind im Arm und seinem Papa, der sagt, er sei nicht der Papa. Das Kind meiner Zimmernachbarin links weint, sie gibt ihm die Brust. Ich halte mein kaltes Kind. Ich würde meine Tochter gern wecken, denn sie sieht aus wie ein ganz normales Kind, sie hat sogar Haare. Ich würde ihr gern alles geben, was sie braucht. Doch meine Tochter braucht nichts.

Ich soll ihr einen Namen geben, heißt es. Ich nenne sie Fatoumatou.

»Keine Sorge, wir werden Ihnen helfen, Ihr Kind zu beerdigen. Sie sind mittellos, Sie haben keine Papiere – wir werden Ihnen bei allem helfen.«

Ich weine wieder. Warum passiert mir all das? Warum dürfen alle anderen Frauen Kinder haben und ich muss zweimal mein Baby verlieren? Eines war voll entwickelt. Ich weiß, dass sich die Ärzte beim Geburtstermin verrechnet haben. Ich weiß, dass ich bis gestern nicht im achten, sondern im neunten Monat war. Sie haben nicht begriffen, dass ich gleich nach meiner ersten Fehlgeburt wieder schwanger geworden war.

Ich denke an Gott. Er hat mich bestraft. Wahrscheinlich habe ich mich schlecht benommen und muss nun mit meinem Kind dafür büßen. Mein Mann ist derselben Ansicht: Ich habe

Fehler gemacht, und Gott hat mich gestraft. Ich sollte besser nicht auf seine giftigen Worte hören, aber ich habe nur ihn, ich klammere mich an ihn, trotz allem, was er mir angetan hat.

Während der Woche im Krankenhaus bringt man mir täglich Fatoumatou, damit ich trauern kann. Sie sagen, ich müsse es akzeptieren. Und so kommt Marylène jeden Tag mit meiner angezogenen Tochter ins Zimmer. Sie trägt die Kleider, die ich für sie gekauft und in den Koffer gepackt hatte, bevor ich bei den ersten Wehen das Haus verließ. Mein Mann macht Fotos mit einer Kamera, die er neu gekauft hat. Ich halte meine Tochter, sic sieht aus wie eine lebende Tote. Mein kaltes Kind, mein Kind, das nicht weint, nicht atmet, mein Kind, das ich nicht wickeln muss. Und ich denke: Was habe ich Gott und meinen Eltern nur angetan, dass ich eine Tote im Arm halten muss?

Manchmal heule ich, weil ich nicht mehr kann. Dann, eines Morgens, verkündet man mir: »Wir werden Ihr Kind nun mitnehmen und es nicht mehr bringen. Es ist zu hart für Sie. Sie müssen seinen Tod akzeptieren, Sie müssen es beerdigen.«

Mit meinem Mann verlasse ich das Krankenhaus im Taxi. Kaum bin ich zu Hause, sehe ich überall die Kindersachen – Bett, Wickeltisch, Babyöl, Fläschchen, Kleider. Mein Mann hat nichts angerührt.

Ich rufe meine Mutter an und sage ihr, dass ich gerade mein Kind verloren habe; am Ende der Schwangerschaft.

Sie spricht mir ihr Beileid aus, dann sagt sie: »Gott hat es so gewollt. So ist das Leben. Manche verlieren auch richtige Kinder; so ist das eben.«

Aus ihren Worten höre ich heraus, dass Fatoumatou kein richtiges Kind war …

Der Alltag nimmt wieder seinen Lauf. Ich bin sehr müde. Ich nehme nicht ab, ich behalte all die Kilos des Leidens, diese Kilos der Beschimpfungen durch meinen Mann, die ich in den fast zwei Jahren unseres Zusammenlebens angesammelt habe. Die Kilos meiner vergeblichen Schwangerschaft. Die Kilos eines Daseins aus Schlägen und Tod. Als ich zurückkam, hielt ich es nicht aus, all die Babysachen zu sehen. Doch nun klammere ich mich daran, ich will mich nicht von ihnen trennen. Es sind die einzigen Zeugen meines Unglücks.

Eine Woche nach meiner Rückkehr besuchen wir das Baby ein letztes Mal, bevor es beerdigt wird. Mein Mann beklagt sich über all die Behördengänge, die nötig sind. Mitten im Ramadan muss er hierhin rennen und dorthin rennen. Wegen dieser Geschichte hat er keine Zeit, seinen eigentlichen Aufgaben nachzukommen, und das macht er mir zum Vorwurf. Doch wenn ich ihn frage, ob er mich verlassen wird, nachdem ich das Kind nun verloren habe, versichert er mir:

»Nein, ich werde dich nicht verlassen. Und du wirst andere Kinder haben.«

Nie sehe ich ihn weinen. Vielleicht weint er ja heimlich, ich weiß nicht. Nach einer Woche schlägt er mich, weil ich entgegen seinem Rat nicht zu den Kontrolluntersuchungen gehen will, um mich zu vergewissern, dass alles in Ordnung ist.

»Ich habe schon zehn Kinder, also weiß ich, dass das Problem nicht bei mir liegt. Alles ist nur deine Schuld.«

Wenn er mir so etwas Gemeines sagt, breche ich zusammen. Mein Kind ist noch nicht unter der Erde, und schon misshandelt er mich wieder, gibt mir die Schuld und schlägt mich mit dem Gürtel. Um mich herum ist alles schwarz.

Am Tag der Trauerfeier nehmen wir den Bus zum Leichenschauhaus. Manou ist da, der Onkel meines Mannes, sein Bruder und ein paar Freunde. Wir betreten das Gebäude. Ich sage, ich sei die Mutter. Nun sieht mein Kind nicht mehr aus wie ein normales Baby. Die Männer lesen aus dem Koran. Ich als Frau sage, was ich sagen möchte, ich lese eine Sure und berühre meine Tochter zum Abschied; ich hoffe, sie hat verstanden, was ich ihr sagen wollte. Ich breche zusammen, aber mein Mann fängt mich auf:

»Du darfst dich vor dem Kind nicht gehen lassen.«

Ich sage, ich würde auch weinen, weil das Kind noch nicht einmal beerdigt ist und er mich schon wieder schlägt; ich hätte von diesem Leben nichts mehr zu erwarten.

Die Dame, die uns empfangen hat, sagt, dass Fatoumatous Begräbnis für kommende Woche vorgesehen ist. Sie bittet mich zu kommen. Mein Mann aber sagt: »Nein, sie kann nicht kommen. Bei uns dürfen Frauen nicht an einem Begräbnis teilnehmen. Sie bleiben zu Hause, und wenn wir zurückkommen, erzählen wir ihnen, wie es war.«

Wir verlassen das Leichenschauhaus. Ich bin erleichtert. Nun muss ich nichts mehr tun, man verlangt nichts mehr von mir. Ich muss nur noch vergessen.

Wenn Leute zu Besuch kommen, sagen sie immer das Gleiche: »Man muss die Ärzte verklagen. Es ist ihre Schuld.«

Doch wie soll das gehen? Ohne Papiere, ohne Recht – wie sollen wir da ein Gericht anrufen? Manchmal weine ich vor den anderen, aber das bekommt mir schlecht! Ich darf den anderen mit meiner Klage kein Unglück bringen. Oft schließe ich mich in meinem Zimmer ein und weine und komme erst wieder heraus, wenn ich die Krise überstanden habe. Wenn ich dann ins Wohnzimmer gehe, tue ich so, als sei alles gut, ich setze mich und mache ein ganz normales Gesicht.

Doch ich bin böse geworden. Ich spreche mit niemandem. Wenn man mir eine Frage stellt, antworte ich oft nicht. Ich kapsle mich ab, ich will von den anderen und von allem um mich herum nichts wissen. Ich verbringe Stunden in meinem Zimmer. Das Kinderbett ist noch da, direkt neben meinem Bett. Ich sitze auf meiner Matratze, lehne den Kopf an die Wand und rufe nach meiner Mutter, ich rufe um Hilfe, ich rufe alle Bekannten, Verwandten und Freunde an, weinend spreche ich alle Suren, die ich kenne.

Ich brenne innerlich, um mich herum lodert alles, ich kann das Feuer nicht löschen. Ich bin in einem Albtraum, aus dem ich nie wieder erwache. Zu viel Schlimmes ist geschehen, als dass ich nun noch hoffen könnte, es je zu vergessen. Mein Unglück ist ein Teil von mir. Wenn ich so tue, als sei es nicht schlimm, würde ich die Erinnerung an mein Kind verlieren und es verraten. Dazu habe ich kein Recht. Ich bin Fatoumatous Mutter, auch wenn sie tot ist. Seit sie beerdigt ist, denke ich immerzu nur an sie. Ständig sehe ich die Fotos an, die mein Mann im Krankenhaus gemacht hat. Ich ertrinke in diesen Bildern, die mich mit meinem toten Kind im Arm zeigen, richtig angezogen, als sei es lebendig und würde nur schlafen. Wenn ich die Fotos nicht bei mir habe, denke ich an meine Tochter und versuche, mir in Erinnerung zu rufen, wie sie aussah. Wenn ich in meinem Zimmer bin, nehme ich den großen Teddy, den ihr jemand geschenkt hat, und stelle mir vor, sie würde ganz friedlich in ihrem Bettchen schlafen. Dann merke ich, dass ich verrückt werde, wenn ich noch länger in dieser falschen Zärtlichkeit schwelge. Also sage ich mir immer wieder: Ich habe mein Kind aus Naivität verloren – weil ich die Sprache hier nicht spreche, weil mein Mann nicht fürsorglich ist und weil ich hier keine Familie habe. Ich denke an meine Tante Mariam, die ihr erstes Kind verloren hat, als ich noch klein war. Ich entsinne mich, dass das Kind auf dem Friedhof des Dorfes beerdigt wurde. Ich erinnere mich an alle Einzelheiten, als sei es gestern gewesen. Mariam weinte sehr, sie sagte: »Mein Baby, ich will mein Baby.« Und Großmutter nahm sie mit in unsere Hütte, damit sie sich erholen konnte. Wenigstens war Großmutter da. Ich aber habe niemanden. Keinen Menschen. Ich denke an Tante Mariam, die ich nun schon so lange nicht mehr gesehen habe. Wie viele Kinder sie jetzt wohl hat? Großmutter sagte zu ihr: »Du musst dir Mühe geben, es zu vergessen. Bald wirst du wieder ein Kind haben. Und noch viele andere. Du bist jung.« Auch ich bin jung. Sechzehn. Ich habe schon zwei Kinder verloren und bin ganz allein auf der Welt. Wie kann ich je vergessen?

Doch ich versuche, mich zusammenzureißen. Ich weiß, dass der Wille kommt, wenn man es erst einmal so entschieden hat, oder er kommt eben nicht. Manchmal sage ich mir, der Tag hat gut angefangen. Die Sonne geht hinter den Häusern auf, ich öffne das Fenster und nehme mir vor, einen guten Tag zu verbringen. Ich will nicht weinen. Wichtig ist, dass man nicht schon morgens anfängt zu weinen, sonst ist der Tag gelaufen, verloren, und ich mit ihm. Ich will mich mit meinem Mann verstehen. Es soll keine Szene geben; das wird mein Tagesziel. Was er auch sagt oder tut, ich werde ihm gehorchen. An jenen Tagen suche und finde ich Geschmack am Leben, doch ich verliere ihn bald wieder, weil mit diesem Mann einfach nichts geht. Dennoch will ich nicht aufgeben, ich will kämpfen, will alles tun, damit er mir vertraut. Kaum habe ich die Fensterläden aufgemacht, bringe ich ihm sein Frühstück, ich fange an zu putzen und bereite das Mittagessen vor. Ich beschließe, meine Sorgen und Nöte in einen Schrank zu sperren. Ich habe Glück, dass er mich so jung ausgewählt hat, ich werde diesen Mann achten, alles bei ihm putzen, denn das wird mir helfen, umzublättern; meine Mutter hätte es genauso gemacht. Ich bin in Holland, ich habe eine schöne Aussicht, in der Küche habe ich alles, was ich zum Kochen brauche, nunmehr ist nichts wichtiger als das. Ich habe Glück. Also bediene ich die Leute, ich zwinge mich zu lächeln und sehe, dass es geht. Ich fühle mich ganz leicht, so eigenartig leicht wie nie zuvor. Als wäre ich nicht neun Monate schwanger gewesen. Als hätte ich nicht mein Kind verloren, weil ich allein auf der Welt war, allein und von niemandem verstanden und sogar ohne zu wissen, wie mir geschah. Dann aber gibt es Tage, da denke ich, alles ist schon von vornherein verloren, nichts lohnt die Mühe. Ich muss mich entscheiden: dieses Leben aus Tod und Vergewaltigung oder die unmögliche Rückkehr in meine Heimat.

Nach einiger Zeit zwinge ich mich, wieder in die Schule zu gehen. Aber ich weine über meinen Heften, heule vor allen Leuten. Ich schäme mich. Und meine Lehrerin, diese ältere Dame, die so nett ist, dass sie ein Jahr lang meinen Schulbesuch finanziert, macht sich meinetwegen Sorgen. Ich kann ihr nicht alles erzählen, sie weiß nur, dass ich vor kurzem ein Kind verloren habe. Ich will sie nicht erschrecken und ihr von der Gewalt erzählen, der ich täglich ausgesetzt bin. Ich habe Angst, sie könnte die Polizei verständigen. Und wie sollte die Polizei mir helfen, wo ich doch nicht einmal hier im Land sein darf? Die ständige Angst, nach Guinea zurückgeschickt zu werden, peinigt mich.

Ich bin im Klassenzimmer, ich sitze im Unterricht, doch dann schweife ich ab – ich höre nicht mehr, was die Lehrerin sagt. Plötzlich sehe ich mein Baby, hier, vor mir, und kann an nichts anderes mehr denken. Mein ganzes Leben ist zerbrochen, und ich kann die Stücke nicht mehr zusammenfügen, weil das Wertvollste, mein Kind, so weit weg ist, so fern von mir. Und ich werde es nie mehr wiederfinden.

Mein Mann weiß, warum ich zwei Kinder verloren habe. Er sagt, gewisse Leute hätten einen Marabut beauftragt, mich mit einem Fluch zu belegen. Er sieht, dass man mir als Kind Unrecht getan hat. Das Schicksal hätte sich gegen mich verschworen. Ich erwidere, dass ich nicht an diese Zaubergeschichten glaube – mein Leben verläuft einfach so. Es gibt keine Erklärung dafür, man muss diese Prüfungen eben bestehen und versuchen, sie zu vergessen, wenn es überstanden ist. Dennoch bin ich ihm böse. Vielleicht hätte mein Leben anders ausgesehen, wenn er mich nicht die ganze Zeit belogen hätte – vor allem an jenem Tag, als er gemurrt hat, ich könnte noch nicht kurz vor der Geburt stehen … Doch es hat keinen Sinn, ihm zu sagen, was ich fühle, er würde nur herumschreien, mich demütigen und beschuldigen, eine schlechte Muslima zu sein. Mein Mann betet nur zu Gott, weil es ihm Macht über andere verleiht. Mein Mann ist ein Tyrann wie mein Großvater. Er will nichts, als andere zu beherrschen. Indem er mir vorwirft, eine schlechte Muslima zu sein – wofür meine Eltern sowie meine Kinder, wenn ich mal welche hätte, bezahlen müssten –, hat er Macht über mich und kann mich halten wie eine Sklavin, die sich nicht mal traut zu sagen, was sie quält.

Sonntags gehen wir weiterhin zu Manou; das sind die einzigen schönen Momente. Manchmal legen wir nach dem Essen Musik auf und tanzen Kotou, Djembé und Zouk. Ich tanze mit meinem Mann. Wenn er tanzt, ist er zufrieden, er zeigt gern, dass er begabt ist, er weiß, dass ihn das jünger wirken lässt und er beim Tanzen aussieht wie ein ganz normaler Mann. Er denkt immer, er sei jung. Er hat gefälschte Papiere –

sie machen ihn sieben Jahre jünger, als er in Wirklichkeit ist. Doch wenn er tanzt, könnte man meinen, er sei wirklich jung, und das weiß er.

Immer fürchte ich mich vor der Nacht. Ich weiß, dass ich mich diesem Mann dann hingeben muss, mit ihm schlafen muss, doch er ekelt mich an. Er ekelt mich an, weil er meinen Körper zwingt und weil mich all seine Lügen in große Not gestürzt haben. Warum hat er mich mit vierzehn geheiratet und in eine solche Situation gebracht? Ich muss mich verstecken, weil ich keine Papiere habe. Ich habe gar nichts, nicht einmal einen Mann, der mich beschützt. Wenn ich mich beklage, höre ich immer nur: »Wenn du Lust hast, nach Guinea zurückzukehren, bezahle ich das Ticket. Dann kann meine Drittfrau kommen und deinen Platz einnehmen, sie ist vierundzwanzig.«

Ich sage mir immer wieder, dass ich nicht die Hände in den Schoß legen darf und durchhalten muss. Aber es ist zu schmerzhaft, ich wäre lieber tot. Gleichzeitig rede ich mir ein, dass das Unglück nicht länger andauern kann. Alles wird sich geben.

So vergehen die Monate in Hoffnung und Verzweiflung. Ich habe so zugenommen, dass mein Mann einen Arzttermin für mich vereinbart hat. Die Kilos sammeln sich an. Alles, was ich esse, verwandelt sich in Kilos, die ich zulege und die beharrlich an mir kleben wie mein Unglück, das ich nicht auslöschen kann. Ich weiß, dass ich wegen dieser unerträglichen Existenz und wegen meiner Einsamkeit dick geworden bin, aber das Wissen allein ändert nichts. Ich quelle über wie das Unbehagen, das mich ständig begleitet. Ich kriege meine Kleider nicht mehr zu. Ich muss kämpfen, damit mein Mann mir neue kauft.

Eines Tages klingelt es; mein Mann ist nicht da. Erst will ich nicht öffnen, doch dann sage ich mir, vielleicht ist einer seiner Klienten zu früh dran. Aber nein. Man reicht mir ein Formular, das ich nicht lesen kann. Ich kann nur den Namen des Krankenhauses entziffern, in dem ich Fatoumatou entbunden habe. Als mein Mann kommt, zeige ich ihm das Papier. Er sagt, man würde uns nun verfolgen, weil er unseren Anteil an den Kosten nicht bezahlt hätte. Doch meine Geschichte verfolgt mich, noch immer denke ich jeden Tag stundenlang an mein Kind, und er hat es nicht für nötig erachtet, mir zu helfen, damit fertig zu werden, indem er wenigstens das Krankenhaus bezahlt!

Im Alltag ändert mein Mann sein Verhalten mir gegenüber nicht. Anders ist nur, dass er ziemlich oft auf Reisen geht. Man ruft ihn nach Spanien, Norwegen, Frankreich, damit er sein Können als Marabut unter Beweis stellt. Man bezahlt ihm die Reise, er arbeitet eine Woche lang für verschiedene Leute, dann kommt er zurück. Ich fühle mich wohl, wenn er weg ist, dann bin ich ruhiger. Niemand belästigt mich, niemand zwingt mich, von früh bis spät zu arbeiten, um mich dann nachts zu vergewaltigen. Ich sitze im Wohnzimmer vor dem Fernseher und lasse die Tage langsam verstreichen. Intensiv erlebe ich die Geschichte meiner Serienhelden mit; sie beweisen, dass es auch noch ein anderes Leben gibt – anders und besser als mein Leben. Das gibt mir Hoffnung. Wenn mein Mann weggeht, darf ich zu Hause bleiben. Er ruft oft an, meist zu einem Zeitpunkt, wenn ich zu Hause sein sollte. Er ist ganz nett, fragt, wie es mir geht, was ich mir im Fernsehen ansehe, was ich mache. Und ich spüre, dass er eifersüchtig ist, er hat Angst, ich könnte abhauen. Ich sage immer, dass ich viel zu Hause bin und fernsehe, den Haushalt mache, ab und zu in die Schule gehe und mit meiner Lehrerin spreche.

Ich weiß, dass er unruhig ist, doch ich tue alles, um ihn zu beruhigen. Ich will, dass er Vertrauen zu mir hat, das ist das Wichtigste.

Doch es fällt mir schwer, ihm zu vertrauen. Als er im Ausland ist, ruft eine Frau an:

»Ist Ousam dein Mann?«

Ich antworte, dass er selbstverständlich mein Mann sei.

»Ist er Marabut?«

»Ja.«

»Seinetwegen habe ich meinen Mann verloren.«

Ich frage, wie das passiert sei.

»Dein Mann gibt sich als Marabut aus, er hat gesagt, wenn ich mit ihm schlafe, regelt sich alles zwischen meinem Mann und mir. Doch er hat mich angelogen. Als mein Mann herausgefunden hat, was ich gemacht habe, hat er mich verlassen.«

Für mich ist es hart, solche Dinge zu hören. Ich lebe mit einem Mann, der fünf Ehefrauen hat und dann auch noch mit anderen Frauen schläft. Von Manou habe ich erfahren, dass er auch ein Kind mit einer Geliebten hat. Ich bin nicht mal eifersüchtig, ich bin angewidert, ich fühle mich gedemütigt, besudelt, verraten. Zu dieser Frau am Telefon fällt mir also nichts anderes zu sagen ein als:

»Sie hätten nicht mit einem Mann schlafen sollen, der nicht Ihr Ehemann ist.«

Dann erklärt sie, eine kapverdische Freundin hätte ihr geraten, unbedingt diesen großen Marabut aufzusuchen. Was soll ich denn da noch machen?

Ich nehme die Pille. Die Ärzte haben sie mir verordnet, weil mein Körper zu schwach ist und ich keine weitere Schwangerschaft riskieren darf. Gegenüber meinem Mann führe ich das als »Alibi« an, doch er erträgt es nicht, dass ich ein Verhütungsmittel nehme. Eines Abends schreit er, ich sei eine schlechte Ehefrau, und zerreißt die Schachtel.

Während mein Mann in Frankreich arbeitet, besuche ich einen Vetter in Haarlem. Meine Mutter hat mir vor kurzem seine Telefonnummer gegeben, damit ich Kontakt mit ihm aufnehmen kann. Ich erinnere mich gut an ihn und freue mich, einen Verwandten zu treffen. Ich fahre ganz allein mit dem Zug. Zum ersten Mal ist niemand dabei, der mich begleitet. Ich habe Angst, dass mir etwas passieren könnte, dass ein Polizist nach meinen Papieren fragt, dass man mich verhört und ich nicht verstehe, was sie sagen. Damit man mich nicht anspricht, mache ich mich im Zug ganz klein und stelle mich schlafend. Ich habe beschlossen, mich in dieses Abenteuer zu stürzen, weil ich wirklich Lust habe, meinen Vetter zu sehen.

Er holt mich vom Bahnhof ab. Er sagt, ich hätte Mut, einfach so zu kommen. Er hat Recht, doch ich fühle mich so einsam und muss mit jemandem von meiner Familie sprechen. Mein Vetter ist der einzige Mensch, den ich nicht über meinen Mann kenne. Der Tod meines Kindes liegt nun bald ein Jahr zurück. Seitdem hat sich in meinem Leben nichts Gutes ereignet. Mein Mann schlägt mich und missbraucht mich, ich bin seine Sklavin, die das Haus führt und ihn bedient. Und er besorgt mir keine Papiere. Ich bin immer noch genauso allein, isoliert und nutzlos wie zuvor, außer dass ich als Prellbock in meinem eigenen Haus herhalten darf.

Mein Vetter bringt mich in seine Wohnung und empfängt mich sehr herzlich. Ich fange an zu weinen, dann erzähle ich ihm, was mich bedrückt. Dass ich keine Papiere habe, obwohl mein Mann einen holländischen Pass hat. Und dass er mich schlecht behandelt. Alles andere traue ich mich nicht zu sagen –

die vielen Frauen, die Schläge, die Drohungen und dass er sich als Marabut ausgibt. Mein Vetter macht sich Sorgen und sagt, er würde sich um mich kümmern, er wird von Zeit zu Zeit anrufen und mir etwas Geld geben, wenn er kann. Dann bringt mich mein Vetter wieder zum Zug und sagt freundlich: »Nur Mut. Ich sage dir, eines Tages wirst du ein freies, friedliches Leben haben. Du wirst spüren, dass die Luft frischer ist. Aber du musst dich ranhalten, vielleicht ändert er sich ja und ihr werdet Kinder haben. Was du jetzt durchmachst, ist nicht so schlimm. Du bist erst siebzehn, siebzehn Jahre sind gar nichts, du bist ja noch ein Kind.«

Abends komme ich nach Hause, am nächsten Tag kehrt mein Mann von der Reise zurück. Er ist immer noch derselbe Mann, der vor einer Woche abgereist ist. Kaum ist er da, fragt er auch schon nach Essen und schimpft, weil ich nichts gekocht habe. Ich sage, dass ich nichts vorbereitet hätte, weil ich nicht wusste, wann er zurückkommen wollte. Und schon zieht er den Gürtel hervor.

»Wenn du gehen willst, dann geh. Du hast es satt? Du weinst? Also verschwinde. Geh! Raus hier!«

Unter Tränen sage ich: »Wohin soll ich denn gehen? Ich habe keine Mutter, keinen Vater, keine Freunde. Alle meine Freunde sind eigentlich Ihre Freunde, ich bin verloren. Ich weiß nicht, wohin. Deshalb gehe ich nicht.«

Sogar seine Freunde sagen: »Ousam, nimm doch Rücksicht auf deine Frau. Sie hat zwei Kinder verloren, sie hat keine Papiere und darf nicht arbeiten. Die Arme hat nichts, den ganzen Tag sitzt sie vor dem Fernseher.«

Manou sagt, er müsse mir eine offizielle Heirat mit einem jungen Mann bezahlen, damit ich Papiere bekomme. Dann könne ich arbeiten und ihm das Geld sogar zurückzahlen.

Doch eines Abends kommt mein Mann mit einer anderen Idee an: »Wir gehen weg aus Holland. Ich erkundige mich, wie wir nach Frankreich umziehen können. Dort bekommt man offenbar leichter Papiere. Du wirst schon sehen, alles wird gut. Ich werde mich von Maria scheiden lassen, und wir beide heiraten in Paris. Dort ist alles besser. Wir werden es gut haben. Ich gehe für eine Woche nach Frankreich. Wenn alles nach Plan läuft, hole ich dich nach.«

21. KAPITEL

Während mein Mann weg ist, kommt mein Bruder aus Deutschland. Seit er weggefahren ist, hatten wir keine Nachrichten mehr von ihm. Er ist in einem schrecklichen Zustand. Er erzählt mir, dass er wegen der fehlenden Papiere im Gefängnis war und abgehauen ist, um zu uns zu kommen. Als mein Mann aus Paris zurückkommt, beschließt er, uns beide mit nach Frankreich zu nehmen, allerdings versichert mein Bruder, dass er zu einem Onkel ziehen wird, der in der Hauptstadt lebt.

Zum ersten Mal verlasse ich Holland. Ich bin ganz aufgeregt wegen der Bahnfahrt. Ich habe Angst, man könnte an der Grenze unsere Papiere verlangen. Wir versuchen, so wenig aufzufallen wie nur möglich. Während der vierstündigen Fahrt sitzt uns die Angst im Nacken. Wir sprechen nicht. Wir haben Glück – wir machen keine unangenehmen Bekanntschaften. Schon als wir an der Gare du Nord ankommen, spüre ich eine solch drückende Atmosphäre und habe solche Angst wie noch nie in meinem Leben.

Gleich bei der Ankunft verlässt uns mein Bruder.

Mein Mann sagt zu mir: »Wir sind nun in Frankreich. Pass auf – hier ist überall Polizei. Sieh auf den Weg, sprich nicht, sei unauffällig. Und geh mir voraus, sonst riskierst du, von hinten vergewaltigt zu werden. So läuft das in Frankreich.«

Er sagt, hier gebe es nur Schurken. Ich fange an zu zittern. Er befiehlt mir, schneller zu gehen. Weinend schleppe ich meine Tasche und blicke starr vor mich hin. Er hat Recht – wir sind von Polizisten, von Uniformierten, umgeben. Meine Ankunft in Paris: Ich gehe geradeaus und muss Angst haben, dass man mich von hinten vergewaltigt oder dass ich verhaftet werde. Ständig habe ich den Eindruck, man wird mich abschieben und nach Guinea zurückschicken.

Verstohlen treibt mich mein Mann zur Eile an, er sucht eine Telefonzelle, er will einen Mann anrufen, der versprochen hat, uns zu beherbergen. Er sagt, bei diesem Mann müsse ich hilfsbereit und diskret sein und dürfe den Mund nur aufmachen, wenn man mich etwas fragt.

Ich höre ihm beim Gehen zu, unaufhörlich fließen die Tränen. Ich habe Angst; ständig schiele ich nach rechts und links. Ich sehe viele Afrikaner, sie scheinen in Eile zu sein. Ich versuche, ihnen nachzueifern, ich blicke an allem und jedem vorbei. Meine Tasche wird immer schwerer, und ich bin so verängstigt, dass mein Atem regelmäßig stockt.

Plötzlich sagt mein Mann: »Lauft!« Ich laufe. Endlich sind wir raus aus dem Bahnhof. Während mein Mann telefoniert, um zu erfahren, ob wir erwartet werden, atme ich diese neue Luft. Hier riecht es ganz anders, ich spüre, dass meine Geschichte sich verändern wird. Ich denke an das Leben, das ich in Holland zurückgelassen habe, ich denke an all mein Unglück. Ich stelle mir vor, dass das Leben in Frankreich anders ist. Der Geruch bestätigt es mir.

Die Leute, die uns aufnehmen, sind sehr nett. Im Wohnzimmer geht alles gut, mein Mann kann sich liebenswürdig und lustig geben. Der Herr überlässt uns sein Zimmer, er ist ein Klient meines Mannes und scheint ihn sehr zu schätzen. In den ersten Tagen freue ich mich, dass ich nicht kochen und den Tisch nicht decken muss. Aus Höflichkeit helfe ich nur ein wenig mit. Mehr verlangt man nicht von mir. Wir sprechen mit den Leuten über unsere Pläne und gehen spazieren. Es ist eine sehr entspannte Atmosphäre, und ich habe den Eindruck, dass mein Leben in Paris ruhiger sein wird; aber vielleicht liegt das nur an der Ausgeglichenheit unserer Freunde und nicht an Paris.

Unser Gastgeber erklärt uns, dass wir bei der Ausländerbehörde im Polizeipräsidium einen Asylantrag stellen müssen. Hier läuft es anders als in Holland, ich muss nicht in ein Lager. Wir müssen uns nur bei den Elektrizitätswerken anmelden, einen Telefonanschluss beantragen und Mietbescheinigungen vorlegen. Und wir müssen den neuen Pass mitbringen, den mein Vater mir nach Holland geschickt hat. Dort ist mein Name eingetragen, und es gibt ein Foto, doch der Rest ist gefälscht: ein falsches Geburtsdatum (1978 statt 1985) und meine Unterschrift, die mein Vater für mich gefälscht hat. Für mich ist dieser Pass falsch – aber nein, der Pass ist echt, falsch sind nur die Angaben. Man erklärt mir, dass ich auf der Behörde sagen muss, meine Eltern seien tot und ich sei ein Kriegsopfer. Wieder geht es los. Wieder muss ich diese grauenvollen Geschichten auswendig lernen, damit ich sie mit größter Selbstverständlichkeit aufsagen kann. Meine ganze Familie wurde vernichtet, ich bin die einzige Überlebende und konnte, einfach so und ganz allein, nach Marokko fliehen.

Ich bin froh, dass wir Papiere beantragen. Mein Mann hält Wort. Mitten in der Nacht stehen wir auf, um vor dem Polizeipräsidium anzustehen. Gegen fünf Uhr sind wir dort. Es ist noch dunkel, draußen vor dem Eingang schlafen wartende Leute auf dem Boden. Ich wage mir nicht vorzustellen, seit wann sie schon hier sind. Es herrscht eine Eiseskälte. Beklommen warten wir, ob auch wir unter den sechzig Leuten sind, die an jenem Tag aufgerufen werden und ihren Antrag einreichen können. Ich sehe die Leute an, die mit uns in der immer länger werdenden Schlange stehen. Chinesen und sehr viele Afrikaner. Die Polizisten beäugen uns, als wären wir Diebe, die Leute drängeln. Ein paar Mal falle ich fast um, doch mein Mann hält mich. Wir werden gegen eine Schranke gedrückt, aber er sagt, ich solle durchhalten, wir hätten keine andere Wahl.

»Pass auf, dass du nicht fällst, sonst trampeln alle über dich hinweg.«

Zu den drängelnden Leuten sagt er: »Werfen Sie sie nicht um!«

Wir schaffen es bis vor die Tür. Doch genau in dem Moment sagen die Polizisten, für heute sei Schluss. Die Quote der Anhörungen ist erreicht. »Kommt morgen wieder!«, rufen sie den Leuten zu. Tiefe Enttäuschung überkommt uns. Wir fühlen uns hilflos. Von fünf Uhr bis elf Uhr haben wir draußen in der Februarkälte vergeblich gewartet und nichts erreicht, wir müssen am nächsten Tag wiederkommen und vielleicht wieder vergeblich warten und wieder und wieder und wieder …

In der Nacht mache ich kein Auge zu. Am liebsten würde ich gleich wieder zur Polizei gehen, ich will nicht warten, bis ich mich in diese Schlange aus Fremden einreihen kann. Ich bin guten Mutes, am Abend sind wir noch einmal meinen Antrag durchgegangen und fanden, er sei vollständig und annehmbar. Warten ist etwas Bedrückendes, denn während man wartet, ist man immer unter Spannung, man findet keine Ruhe. Man denkt an nichts anderes mehr und überlegt, wie man es am besten anstellt, zu bekommen, was man möchte.

Am nächsten Tag gehen wir wieder aufs Präsidium. Wieder kommen wir sehr früh an, doch zwei Dutzend Leute schlafen schon vor dem Gebäude. Wagen fahren vorbei, bremsen ab und begutachten uns: Illegale, die Papiere beantragen und in der Herde warten. Ein echtes Spektakel.

Wir müssen uns lange gedulden, aber dieses Mal ist es nicht umsonst. Es ist ein guter Tag. Ich frage mich, ob ich wohl verstehen werde, was man auf Französisch zu mir sagt. Werde ich nach rechts gehen, wenn man es von mir verlangt, und nach links, wenn ich nach links gehen soll? Das Beste ist wohl, ganz natürlich zu bleiben und es wie die anderen zu machen. Man bittet mich in ein Büro, mein Mann wartet draußen. Ich bekomme ein Formular zum Ausfüllen. Ich kann nur meinen Namen und Vornamen schreiben, aber wo soll ich sie eintragen?

Ich bitte einen Mann um Hilfe; er trägt die Angaben aus meinem Pass in die entsprechenden Spalten ein. Dann nimmt ein anderer Mann meinen Antrag und meine Papiere und schickt mich in den ersten Stock. Zuerst müssen wir durch eine Sicherheitsschleuse, wo man sich vergewissert, dass wir nicht bewaffnet sind. Ich warte. Man ruft mich auf, voller Angst trete ich vor. Ich kriege meinen Antrag zurück und soll in einem Monat wiederkommen; dann würde ich eine Bescheinigung für Asylsuchende erhalten, mit der ich neun Monate in Frankreich bleiben darf. Arbeiten darf ich nicht, aber zumindest kann ich auf der Straße nicht verhaftet oder nach Guinea zurückgeschickt werden.

Ich finde meinen Mann im Gespräch mit den Polizisten, er schwingt seinen holländischen Pass. Er sagt, ich hätte sehr viel Mut bewiesen und er sei sicher, dass ich meine Papiere bekomme. Nach zwei Tagen habe ich schon das, was alle Welt als ersten Schritt der Prozedur bezeichnet. Ich muss darauf bauen, dass es gut weitergeht. Ungeduldig warten wir auf den Tag meiner Anhörung. Wir sind nur mit Warten beschäftigt – auf die Papiere, eine Wohnung –, ständig nur warten.

Bei unseren Freunden vertreiben wir uns die Zeit mit Kochen und Essen. Essen, essen, essen. Aber ich bin doch schon so dick! Ich habe nicht abgenommen, ich nehme im Gegenteil immer weiter zu. Wenn ich etwas esse und mein Mann mich sieht, schlinge ich es oft hinunter, weil ich Angst habe, dass er schimpft. Nach und nach wird mir bewusst, dass ich immer alles schnell und mit Angst im Bauch mache. Doch im Beisein dieser Leute behandelt mein Mann mich gut. Manchmal rügt er mich, aber ich bin Schlimmeres gewöhnt. Die Nächte sind nach wie vor hart, aber tagsüber ist es einfacher als in Holland. Ohne es zu wissen, beschützen mich unsere Gastgeber.

Auch hier kommen und gehen viele Leute. Die meisten wollen meinen Mann sprechen. Er empfängt sie, wie es sich gehört, aber manchmal hätte ich gute Lust, ihnen zu sagen, was er anderen Klienten angetan hat. »Bezahlen Sie nicht! Geben Sie ihm Ihr Geld nicht, er ist ein Betrüger! Er kann Ihnen nicht helfen. Er haut Sie übers Ohr!« Aber ich sage nichts. Das Geld, das er macht, verdient er auch für meine Familie.

Der Tag meiner Anhörung bei der Ausländerbehörde ist gekommen. Auf den neuen Fotos erkenne ich mich nicht wieder. In Guinea habe ich die ganze Zeit gelächelt, ich war hübsch und schlank. Nun habe ich das Aussehen einer fetten Frau mit ausdruckslosen Augen. Leer und abwesend.

Die Anhörung verläuft gut. Ich bekomme eine Asylbescheinigung, die neun Monate gültig ist. Das ist eine ungeheure Erleichterung. Seit ich in Europa bin, ist mein Aufenthalt zum ersten Mal legal. Befristet, aber rechtmäßig. Ich habe keine Angst mehr, als ich die Behörde verlasse; ich sehe die Polizisten an, ohne denken zu müssen, dass sie mich verhaften und abschieben könnten. Ich fühle mich anders. Stärker, selbstsicherer. Ich wage sogar ein Lächeln, als ich zur Metro gehe.

Ich finde, ich habe Glück, hier zu sein. Ich bewundere die schönen Straßen, die prächtigen hohen Gebäude, die gut gekleideten Leute. Ich kann mich nicht sattsehen. Wie schön! Vielleicht bekommen meine Kinder ja eines Tages auch all das …

Ich rufe meine Mutter an und sage, dass wir in Frankreich sind und ich endlich Papiere habe. Sie begreift nicht, was wir für Schwierigkeiten damit hatten. Im Grunde genommen hat sie ja nie etwas von meinen Problemen gewusst. Die Lage in Afrika wird immer prekärer. Mein Vater ist krank und hat kein Geld für Medikamente. Meine Mutter rackert sich für den Lebensunterhalt ab. Auch sie ist krank. Sie sagt, die anderen Frauen meines Vaters seien nun auch völlig verarmt, sie hätten für sich und die Kinder kaum etwas zu essen. Ich höre Nachrichten aus meinem Land, und mich schaudert. In Guinea geht nichts mehr. Ich sage ihr, dass ich meinen Mann um Geld bitten und, sobald es geht, selbst arbeiten und ihr helfen werde.

Wir erfahren, dass die Wohnung, auf die wir warten, nun frei ist; in Les Lilas. Endlich haben wir wieder ein eigenes Heim. Es geht voran. Es gibt viel zu erledigen, mein Mann kümmert sich zusammen mit einem Freund darum. Dann sehen wir die Wohnung: Sie ist klein, alt und schäbig, nur ein einzelnes Zimmer mit Küchenzeile und Badezimmer, im siebten Stock ohne Aufzug. Das Gegenteil von unserer Wohnung in Rotterdam. Ich sage zu meinem Mann, dass ich enttäuscht bin. Er sagt, es sei besser als nichts. Ja, das stimmt, besser als nichts. Er verspricht mir, dass er hier versucht, ruhiger zu werden. Ich finde, das ist das Wichtigste.

Ein schöner, sonniger Tag. Ich spüre, dass ein neuer Lebensabschnitt beginnt; dass ich endlich das finde, was ich suche. Ich bekomme wieder Hoffnung. Mein Mann verspricht, mich nicht zu schlagen, wenn ich nicht mit ihm schlafen will, und es sieht so aus, als wollte er sich an seine neuen Vorsätze auch halten.

Schon am ersten Tag lerne ich Corosa kennen; sie lebt unten im selben Haus in einer großen Wohnung. Sie kommt aus Mauritius, ihr Mann ist Pakistani.

Mein Mann gibt sich weiterhin als Marabut aus. Wenn Leute kommen und ihn um Rat fragen, muss ich mich ganz klein machen oder das Haus verlassen. Ich bin jedoch erleichtert, dass es in der Wohnung keinen Platz gibt, um »Gäste« aufzunehmen. So habe ich im Haushalt weniger zu tun. Vorbei der große Abwasch für alle Welt, vorbei die Essen für acht Personen, wo keiner mir je zur Hand ging.

Mein Mann kündigt mir an, dass er nach Holland fahren will, um seine Angelegenheiten zu regeln und die Wohnung aufzulösen. Ich bitte ihn, mich mitzunehmen. Auch ich muss dort vieles erledigen, wir sind damals sehr schnell aufgebrochen. Ich muss die Kindersachen entsorgen, das Bettchen, den Wickeltisch, und Fatoumatous Papiere holen. Vielleicht habe ich auch die Kraft, ihr Grab zu besuchen und ein paar Sachen von ihr nach Paris mitzunehmen für den Fall, dass ich wieder einmal das Glück haben sollte, ein Kind zu bekommen. Aber nein. Mein Mann will seine Ruhe haben, und wenn ich mitkomme, hätte er mich nur am Hals. Er will mich nicht auf seiner Reise dabeihaben. Er hat zu viel zu tun. »Ich weiß nicht, was ich dort mit dir anfangen soll.«

Also bleibe ich allein in Les Lilas in der kleinen Wohnung. Alles ist schmutzig, die Wasserhähne lassen sich nicht richtig auf- und zudrehen, die Farbe blättert ab, die Wände sind fleckig. An der Decke und an den Fenstern kleben Pappkartons. Ich habe Angst, dass das Haus einstürzt. Ganz vorsichtig gehe ich durch die Wohnung. Ich habe den Eindruck, der Boden könnte durchbrechen und ich sieben Stockwerke hinunterfallen, wenn ich mit meinem ganzen Gewicht auftrete. Wenn ich aus dem Fenster sehe, ist mein Blick versperrt von anderen, genauso alten Häusern und Garagen. Man sieht weder etwas vom Leben noch die Straße. Das ist traurig.

Ich bin immer bei Corosa und ihren Kindern. Wir sehen fern oder hören Radio. Ich verstehe nun besser, was auf dem Bildschirm geschieht. In Holland habe ich nur die Bilder angesehen, der Sinn blieb mir oft verborgen. In Paris öffnet sich mir eine ganze Welt. Stundenlang klebe ich vor dem Fernseher, um zu lernen und zu verstehen.

Der Onkel meines Mannes besucht mich oft, während mein Mann weg ist. Er ist einige Monate vor uns nach Paris gekommen, um seinen Asylantrag zu stellen. Er verbringt viel Zeit bei mir. Ich koche ihm Essen, wir reden über Conakry. Er erzählt mir von seiner Frau, die er dort zurückgelassen hat und die er unterstützt, so gut es geht. Er ist jung und hat nur eine Ehefrau. Ich finde, sie hat Glück, einen so netten Mann zu haben, auch wenn sie ihn nur selten sieht.

Wenn ich ausgehe, entferne ich mich nie weit vom Haus, weil ich mich nur schlecht orientieren kann. Ich habe Angst, mich zu verirren, aber neu ist, dass ich nun nicht mehr in Gefahr bin, verhaftet zu werden wie in Rotterdam. Ohne meine Asylbescheinigung verlasse ich nie das Haus. Nur sie schützt mich vor der Abschiebung nach Guinea.

Mein Mann kommt zufrieden aus Holland zurück, er konnte alles erledigen. Bestimmt hat er Maria, seine Freundin, und sein Kind gesehen, seine Geliebten, seine Freunde – und sicherlich hat er ihnen eine große Geschichte über seinen tollen Umzug nach Frankreich aufgetischt. Er kommt mit zahlreichen Kontakten zurück, um wieder als Marabut Fuß zu fassen. Ich stelle fest, dass er sehr gefragt und sehr beschäftigt ist. Ich hingegen bin allein und ohne Pläne, bin nutzlos für alle, bin nur dazu da, ihn zu bedienen und ihn zu befriedigen. Jeden Morgen fragt er mich, was ich mit diesem neuen Tag anzufangen gedenke. Mein Mann spornt mich an, Arbeit zu suchen. Ich denke, das ist nicht möglich, ich habe noch nicht die nötigen Papiere. Aber er will unbedingt, dass ich schwarzarbeite. »Du musst mir helfen, den Lebensunterhalt zu verdienen, meine Frauen und Kinder kosten mich viel Geld.«

Er rät mir, die Frau meines Onkels zu fragen, ob sie mir helfen kann. Sie leiht mir ihre Papiere und sagt, ich solle beim Arbeitsamt nachfragen. Dort scheint es viele Angebote zu geben. Wieder habe ich Angst, weil ich mit falschen Papieren unterwegs bin, gehe aber trotzdem hin. Man schickt mich als Zimmermädchen in ein Hotel. Mein Mann freut sich, als ich ihm sage, dass ich mich am nächsten Morgen um acht Uhr vorstellen muss.

Ich gehe um sechs Uhr los, damit ich die Adresse auch ja finde. Ich muss die Metro nehmen, aber die Orientierung ist schwierig, wenn man nicht lesen kann. Ich folge der Farbe der Metrolinie und zähle die Stationen, aber ich verzähle mich. Ständig muss ich Leute um Hilfe bitten.

Ich bin pünktlich. Fünfzehn Bewerberinnen für eine einzige Stelle. Ich muss ein Formular ausfüllen und angeben, warum ich die Stelle will und was ich zuvor gemacht habe. Ich trage nur den Namen meiner Tante ein, gebe das Blatt ab, und man bittet mich, am nächsten Tag wiederzukommen. Ich muss schön angezogen sein, einen schwarzen Rock und Schuhe mit Absätzen tragen. Ich weiß nicht, wie man mit europäischen Schuhen geht, aber ich werde es schon lernen. Und ich werde Arbeit haben. Endlich.

Zu Hause erzähle ich alles meinem Mann. Es passt ihm nicht, dass ich Kleider kaufen muss, bevor ich überhaupt angefangen habe zu arbeiten, aber er gibt nach. Die halbe Nacht gehe ich mit meinen neuen Schuhen im Flur auf und ab.

Am nächsten Tag begleitet mich mein Mann zum Hotel und geht gleich wieder. An der Rezeption begutachten sie mich und sagen, so gehe das nicht, ich hätte nicht die richtigen Schuhe. Es sind zwar schwarze Schuhe mit Absatz, aber Sandalen, während ich geschlossene Schuhe brauche. Außerdem trage ich keine Strumpfhose. Man schickt mich wieder nach Hause. Und ich habe keine Arbeit.

Mein Mann ist wütend. Er sagt, es sei meine Schuld, ich sei zu den Arbeitgebern nicht nett genug gewesen. Ich müsse lächeln, müsse es erneut versuchen. Zwei Monate lang gehe ich täglich zum Arbeitsamt und rufe die Telefonnummern an, die ich dort bekomme. Wenn ich zu einem Vorstellungsgespräch eingeladen werde, tue ich alles, um fröhlich auszusehen, aber niemand stellt mich ein. Mein Mann verliert die Geduld, er wird wieder aggressiv. Er versteht nicht, warum ich keine Arbeit finde. Außerdem kommen immer weniger Leute zu ihm. Ich habe das Gefühl, in diesem Leben zu ersticken.

Mein Mann wird oft fuchsteufelswild. Er ohrfeigt mich, er schlägt mir ständig ins Gesicht, auf den Bauch. Er kratzt mich so brutal am Arm, dass ich blute. Wenn er sich dann wieder beruhigt hat, kommt er mit einem Zehn-Euro-Schein an und will es wie üblich erkaufen, dass ich ihm verzeihe. Ich kenne ihn mittlerweile. Es ist immer das Gleiche. Um mir zu schmeicheln, sagt er, ich solle mir etwas Schönes kaufen. Also gehe ich mit dem Geld los.

Es ist klar, dass sich seit Holland nichts verändert hat, und ich weiß, dass es auch so bleiben wird, solange ich nichts unternehme. In Holland hatte ich niemanden, zu dem ich flüchten konnte, hier aber ist es anders. Ich beschließe, für einige Zeit zu meinem Onkel zu ziehen. Mein Mann muss begreifen, dass ich nicht mehr die Gleiche bin. Und dass ich nicht mehr allein bin.

Im Bus bete ich unaufhörlich, ich habe solche Angst. Ich zwinge mich, die Tränen hinunterzuschlucken, aber ich bin so schwach, dass sie unweigerlich fließen. Eine Frau reicht mir ein Taschentuch. Eine andere Frau fragt, was passiert sei. Ich höre ein Kind sagen: »Maman, warum hat die Frau denn einen blauen Fleck im Gesicht? Sie wird doch nicht geschlagen, oder?«

Ich merke, dass ich nicht einmal meine Schrammen überschminkt habe.

22. KAPITEL

Ich komme ins Viertel meines Onkels, weiß aber nicht genau, wo er wohnt. Ich gehe durch die Straßen und suche das Haus, ich laufe und laufe, bis ich es schließlich wiedererkenne. Doch ich weiß den Türcode nicht. Ich möchte anrufen, aber ich habe kein Geld. Ich gehe zu einem Taxistand und frage einen Mann, ob ich telefonieren dürfe. Ich spreche mit meinem Onkel, er sagt, er habe meinem Mann den Code gegeben, und ich antworte:

»*Kao, kao* (Ich kann nicht). Onkel, ich bin ganz allein und ich kann die Tür nicht öffnen.«

Er holt mich am Taxistand ab und gibt dem Mann dreißig Cent für den Anruf.

Er nimmt mich sehr großzügig und ohne große Umstände auf. »Du solltest nicht zu ihm zurückkehren. Wenn du willst, kannst du hier bei mir und meiner Familie bleiben.«

Ich rufe meine Mutter an. Zum ersten Mal sage ich ihr, dass mein Mann mich schlägt. Ich habe ihr immer gesagt, dass es schwierig mit ihm sei, Genaues habe ich aber nicht erzählt, auch nicht, was er mit mir im Schlafzimmer macht. Selbst jetzt schaffe ich es nicht, ich schäme mich zu sehr. Meine Mutter meint, jedes Paar habe seine Probleme und es würde vorbeigehen. Mein Vater ist erleichtert, dass ich bei meinem Onkel bin, und rät mir zu machen, was er sagt.

Bei meinem Onkel sehe ich von morgens bis abends fern. Ich mache nichts anderes. Seine Frau arbeitet stundenweise, sie hütet Kinder; ihre eigenen Kinder gehen morgens in die Schule, und ich habe nichts zu tun, habe niemanden, den ich besuchen kann, habe keine Arbeit, die mich erwartet. Eines Tages treffe ich im Aufzug eine Frau in Begleitung ihrer betagten Mutter. Die jüngere Frau heißt Léonie, sie fragt mich, ob ich jemanden kenne, der ihnen im Haushalt helfen könnte. Ich sage, ich könne das und ich würde auch gerne für sie arbeiten. Sie zahlen fünf Euro die Stunde, ich arbeite fünf Stunden. Zum ersten Mal, seit ich Guinea verlassen habe, verdiene ich Geld. Ich bin stolz auf mich und denke, mein Mann wäre es auch.

Er ruft an, er ist verzweifelt. Wieder gibt er sich liebenswürdig. Er hätte Angst gehabt, mir wäre etwas passiert. Immer wieder sagt er, er bereue, was er getan hat, und beglückwünscht mich zu meiner Arbeitsstelle. Er fragt, wann ich zurückkäme.

»Du fehlst mir. Kaum kommen wir hier an, gehst du auch schon weg! Drängt dich dein Onkel, dich von mir zu trennen?«

Nein, sage ich und nehme meinen Onkel in Schutz.

Ich will meinen Mann nicht verletzen. Der Gedanke, ihn zu verlassen, macht mich ganz krank. Ich wünsche mir, dass alles einfacher, leichter, entspannter wäre. Ich finde, ich habe überstürzt gehandelt. Manchmal rufe ich ihn heimlich an und frage, wie es ihm geht. Es schmerzt mich, von ihm getrennt zu sein. Schließlich ist er mein Mann, und wir sollten unser ganzes Leben zusammen verbringen. Ich kann mir gar nicht vorstellen, ohne ihn zu existieren, zu denken, zu leben. Immer hat er alle Entscheidungen für mich und für uns beide getroffen. Ich merke, dass mir das Sicherheit gegeben hat. Ich habe Schuldgefühle, weil ich ihn verlassen habe. Er ist und bleibt der Vater meiner Kinder, auch wenn sie tot sind.

Ich muss nachdenken. Ich erkläre ihm, dass sich alles ändern muss. Ich will noch eine Weile bei meinem Onkel bleiben, stimme aber zu, dass in zwei Monaten ein Familienrat abgehalten wird, um zu klären, wie es weitergeht.

Die Frau meines Onkels sorgt sich um mich. Sie besteht darauf, dass ich zu einem Arzt gehe. In meinem besten Französisch erzähle ich dem Doktor von meinen Fehlgeburten. Er sagt, ich dürfe drei Jahre lang nicht mehr schwanger werden, sonst sei meine Gesundheit in Gefahr. Er ist sich dessen sicher. Ich vertraue ihm an, dass die Pille ein Problem ist, weil so etwas in meiner Kultur verboten ist. Die Männer lassen nicht zu, dass ihre Frauen Verhütungsmittel nehmen, und mein Mann schlägt mich, wenn er herausfindet, dass ich die Pille nehme, und wirft sie weg. Der Arzt schlägt einige Untersuchungen vor; wenn alles gut geht, setzt er mir ein Verhütungsmittel ein, das ich die ganze Zeit im Bauch habe und das man nicht sehen kann.

Der Gedanke, dass ich drei Jahre lang kein Kind mehr bekommen kann, ist schwer zu ertragen. Doch der Doktor besteht darauf. Die Spirale ist die einzige Lösung. Meine Tante appelliert an meine Vernunft: Mit einer erneuten Schwangerschaft würde ich mein Leben aufs Spiel setzen. Auch sie hat eine Spirale und findet das sehr gut, dadurch hat sich ihr Leben verändert. Wenn sie ein Kind will, muss sie nur zum Arzt gehen und die Spirale entfernen lassen, sie kann schwanger werden, sobald sie es wünscht. Sie sagt, ich hätte keine andere Wahl.

»So jung und schon zwei Fehlgeburten. Das darf nicht mehr passieren.«

Auch mein Onkel spricht mit mir darüber. Es ist mir ein wenig peinlich, aber ich höre zu. Er sagt, ich solle meinem Mann nicht erzählen, dass ich eine Spirale bekomme. Aber ich finde, ich darf meinen Mann nicht anlügen, ich darf nichts hinter seinem Rücken tun.

Ich rufe ihn an und sage es ihm, doch er weiß schon Bescheid. Ich bekomme Angst – er ist wirklich ein Marabut, er weiß alles über mich.

»Ich habe gesehen, dass du beim Arzt warst. Ich weiß auch, warum. Aber das geht deinen Onkel nichts an, er soll sich nicht einmischen. Nicht er hat den Flug von Guinea bezahlt, nicht er hat dich hierhergebracht, nicht er hat dich ernährt und deine Miete bezahlt. Was mischt sich dein Onkel überhaupt ein?«

Ich brauche eine Weile, bis ich begreife, dass mein Bruder mich verrät; regelmäßig besucht er meinen Mann in Les Lilas und erzählt ihm alles.

Doch mein Onkel will nur, dass die Lage sich cntspannt. »Geh nicht ans Telefon, wenn er anruft; wir sagen, du bist nicht da. Tu dir das nicht an, lass es einfach sein.«

Ich weiß, dass mein Onkel Recht hat, aber dann geschieht etwas, das stärker ist als die Vernunft.

23. KAPITEL

Der Familienrat tagt an einem Sonntag. Wenn bei uns ein Paar eine Krise hat, kommt die Familie zusammen und versucht, die Dinge zu klären oder eben eine Trennung einzuleiten. Jeder muss vorsprechen und seine Lage erläutern. Alle hören zu.

Normalerweise kommen Vertreter beider Familien. Außer der Betroffenen darf keine Frau teilnehmen. Hier ist der Rat ziemlich klein – von meiner Familie ist nur mein Onkel da, von der anderen Seite mein Mann, ein Freund, den ich nicht kenne, und mein Bruder.

Mein Mann und ich sitzen in der Mitte. Mein Onkel eröffnet die Sitzung, indem er meinen Mann fragt, warum er seine Frau misshandelt.

Mein Mann sagt, er würde mich schlagen, wenn ich ihm nicht gehorche. Er spricht mit Leichtigkeit; das kann er. Er sagt, ich sei undiszipliniert und faul und würde nicht mit ihm schlafen. Ich traue meinen Ohren nicht, ich werde rot vor Scham. Vor meinem Onkel wollte ich ganz bestimmt nicht über diese Dinge sprechen. Mein Mann erzählt irgendwas, er stellt die Situation zu seinem Vorteil dar.

Mein Onkel wendet sich an mich und fragt, was ich dazu zu sagen hätte. Ich bin völlig eingeschüchtert von den Männern und rede ganz leise. Ich bin es nicht gewöhnt, über mein intimes Leben zu sprechen. Ich sage, es sei schwierig zwischen meinem Mann und mir, ich sei traurig und verloren, wisse nicht, was tun, und würde mein Bestes geben, um ihm eine gute Frau zu sein.

Nach mir reden der Reihe nach die anderen, mein Onkel leitet die Diskussion und verteidigt mich zugleich. Wenn er meinem Mann etwas zu sagen hat, wendet er sich an meinen Bruder, und der wiederholt die Worte für meinen Mann. Wir sind nur zu fünft im Raum, doch auf diese Weise werden die Fragen symbolisch verständlich gemacht und Entscheidungen getroffen. Dieser Brauch muss geachtet werden. Wenn ein Wort der Gegenpartei von einem Dritten wiederholt wird, hat es mehr Gewicht, weil auch derjenige mit einbezogen wird, der zuhört und es wiederholt.

Das Treffen ist schnell zu Ende. Mein Onkel hat jeden angehört, die letzte Entscheidung liegt bei ihm. Ich weiß nicht, was er sagen wird. Sicherlich glaubt er meinem Mann nicht alles, was er erzählt hat. Er hatte für alles eine Erklärung, das ist zu viel.

Nach langem Schweigen ergreift mein Onkel das Wort. Er sieht mich an und sagt, er könne keine Entscheidung treffen, ich müsse es selbst tun. Ich sage, dass ich meinen Mann nie verlassen wollte, ich wollte nur, dass er mich besser behandelt. Wenn mein Mann einverstanden ist und aufhört, mich zu schlagen, gehe ich zu ihm zurück.

Mein Onkel schließt die Sitzung mit folgenden Worten zu meinem Mann: »Morgen holen Sie sie und ihre Sachen ab. Sie dürfen nicht mehr die Hand gegen sie erheben. Sollte mir zu Ohren kommen, dass Sie sie wieder geschlagen haben, hole ich sie sofort ab.«

Mein Mann ist hochzufrieden, das merkt man. Er sagt, wir würden nun wieder zusammenleben und er wolle sich bemühen, ruhiger zu werden. Und ich sei eine gute Frau, eine gute Hausfrau, ich sei ihm eine große Hilfe, das hätte er erst gemerkt, als ich weg war. Er sagt auch, bei allen Paaren gebe es Streit, doch deshalb müsse man sich nicht gleich trennen.

Unser Leben nimmt wieder seinen Lauf. Ich habe das Gefühl, dass sich mein Mann verändert hat. Er ist nett und geduldig mit mir. Ich gehe öfter aus dem Haus als früher, weil ich weiterhin bei Léonie und ihrer Mutter putze. Außerdem macht mich Corosa mit einer Frau bekannt, die drei Kinder hat. Sie heißt Fatima.

Fast alles, was ich verdiene, gebe ich meinem Mann. Wenn ich von Léonie fünfundzwanzig Euro bekomme, gebe ich ihm zwanzig. Er freut sich, dass ich Geld nach Hause bringe, und sagt, es würde ihm helfen, seinen Frauen in Afrika etwas zu schicken. Ich bitte ihn, auch an meine Mutter zu denken.

Wenn ich nach Hause komme, hat er manchmal schon Reis gekocht. Er ist ein ganz neuer Mann! Doch die Soße soll ich machen. Also dusche ich schnell und mache das Essen fertig. Danach muss ich ihm zu Diensten sein. Er versichert mir, er würde aufpassen, dass ich nicht schwanger werde. Ich glaube ihm und lasse ihn machen …

Die Arbeit verleiht mir neue Energie, ich spüre, wie ich wieder einen Willen entwickle, wie ich wieder Kraft aus mir selber schöpfe. Zu arbeiten, mich körperlich zu verausgaben und ein bisschen Geld zu haben macht mir Mut, noch mehr zu tun.

Ich arbeite nun auch bei Fatima. Morgens richte ich die Kinder, bringe sie in die Krippe und in den Kindergarten, dann hole ich sie wieder ab und spiele mit ihnen. Manchmal darf ich den ganzen Tag mit den Kindern zusammen sein.

Dann verkündet mein Mann, dass er wieder nach Afrika muss. Ich gebe ihm Geld für meine Mutter mit. Nach bald drei Jahren in Europa kann ich meiner Familie endlich etwas geben. Insgesamt hundertfünfzig Euro von sechs Wochen Arbeit.

Fatima bittet mich, bei ihr zu wohnen, solange mein Mann weg ist. Ihr Mann ist im Gefängnis, sie muss ihn oft besuchen und ist die ganze Zeit außer Haus. Ich lerne, mit Babys und Kindern umzugehen, und werde immer sicherer. Ich, die ich meine Kinder verloren habe, will mich nun richtig um die Kinder anderer kümmern. Ich lerne, das zwei Monate alte Baby zu wickeln. Die anderen Kinder sind anderthalb und drei. Manchmal lässt mir Fatima nicht genügend Geld für das Essen der Kinder da, dann habe ich solches Mitleid mit ihnen, dass ich ihnen etwas kaufe.

Sooft ich kann, gehe ich zu Léonie putzen. Ich bin gern bei ihr. Ich kann ohne Scheu mit ihr sprechen, und nach und nach erzähle ich ihr einen Teil meiner Geschichte. Ich habe das Gefühl, dass meine Vergangenheit nun endlich hinter mir liegt und mich nicht mehr einholen kann. Alles hat sich verändert. Léonie meint, wir alle müssten im Leben Schweres durchmachen, doch wenn man tut, was man tun muss, geht es vorüber. Auch sie hat schwere Zeiten erlebt, aber nun ist es besser. Ihre drei Kinder sind versorgt, ein Sohn ist leitender Angestellter, der andere macht bald eine eigene Apotheke auf, und der dritte ist Zahnarzt. Léonie gibt mir viele Ratschläge. Ich richte mich nicht immer gleich danach, aber ich spüre, dass sie nicht sinnlos daherredet. Ich höre ihr zu.

Das Leben bei Fatima ist schwer. Ich glaube, sie trinkt oder nimmt Drogen, denn manchmal schlägt ihre Stimmung jäh um. Sie geht auf die Kinder los und prügelt sie grundlos, auch wenn sie schon schlafen. Diese Frau ist verrückt, sie macht mir Angst. Wie kann man derartig auf unschuldige Kinder einschlagen? Ich versuche, die Kleinen zu schützen, aber ich kann gegen Fatima nicht viel ausrichten, weil sie so gewalttätig ist, dass nichts sie aufhält.

Ich spreche am Telefon mit meinem Mann darüber, er sagt, ich solle nach Hause gehen. Er will nicht, dass ich bei einer Verrückten wohne. Also ziehe ich aus, hüte tagsüber aber weiter die Kinder. Fatima verspricht, Geld aufzutreiben und mich zu bezahlen. Sie schuldet mir ungefähr zweihundertfünfzig Euro.

Mein Mann ist nun schon einen Monat weg, und ich hatte lange vor seiner Abreise keine Blutung mehr. Als er anruft, sage ich es ihm. Noch vor kurzem hätte ich mich niemals getraut, so ein intimes Thema anzusprechen, aber nun brauche ich eine Antwort. Ich hatte nicht damit gerechnet, wieder schwanger zu werden, er hat mir ja versichert, er würde aufpassen. Es ging zu schnell, mein Körper ist noch nicht bereit, und ich bin noch nicht bereit.

Doch er ist begeistert. Er meint, wenn wir ein französisches Baby haben, würde ich endlich Papiere bekommen, richtige Papiere. Er verspricht mir, schnell zurückzukommen und mich während der Schwangerschaft zu unterstützen.

Ich kann nicht glauben, dass er mich angelogen hat. Er hat nicht aufgepasst! Bis zu diesem Anruf war ich fast sicher, dass ich nicht schwanger sein konnte.

Ich mache den Test, er ist positiv.

Es fängt wieder von vorn an.

24. KAPITEL

Ich muss mich zwingen, zufrieden zu sein, mich über etwas zu freuen, das mir passiert ist und nicht hätte passieren dürfen, etwas, das schlecht für meinen Körper und für meine Gesundheit ist. Ich versuche, mir einzureden, dass es dieses Mal anders wird. Vielleicht kommt die Hoffnung wieder, vielleicht öffnen sich neue Türen. Vielleicht ist dieses Baby in meinem Bauch eine Chance …

Meinem Onkel und seiner Frau sage ich nichts davon. Mein Mann hat mir die Telefonnummer einer Frau gegeben, die mich bei allen Behördengängen begleitet. Auf der Krankenkasse muss ich einen Versicherungsschein holen. Man erklärt mir, dass hier jeder einen Anspruch auf kostenlose ärztliche Behandlung hat. In Holland mussten wir bezahlen, aber in Frankreich bekommen Mittellose wie ich, auch wenn es Ausländer sind, medizinische Hilfe gratis. Ich denke an meine Mutter – hier könnte sie ihre Kinder von richtigen Ärzten umsonst behandeln lassen; schon allein dadurch würde sich ihr Leben verändern.

Ich gehe zu den Ämtern, wo ich mich melden muss, ich stehe an, versuche, meine Situation zu erklären. Ich sage, ich sei schwanger und hätte schon zwei Kinder verloren. Zwei Wochen später bekommt die Person, unter deren Adresse ich offiziell gemeldet bin – der Mann, der uns nach unserer Ankunft in Paris bei sich untergebracht hat –, eine Vorladung für mich.

Wieder muss ich auf der Behörde meine Lügengeschichte erzählen, aber ich tue es, ohne zu zögern, weil ich weiß, dass es nicht anders geht: Ich bin schwanger, mein Mann ist nicht da, ich habe kein Geld, und ich muss mich ärztlich untersuchen lassen. Ich möchte dieses Kind haben.

Ich bekomme den Krankenschein.

Auf dem Gesundheitsamt von Les Lilas lasse ich die Untersuchungen machen. Es sind andere Ärzte, wieder muss ich alles über meine vorhergehenden Schwangerschaften erzählen. Die Ärzte sind entsetzt.

»Das stimmt, Mademoiselle, Sie hätten den Rat befolgen und eine Spirale einsetzen lassen müssen. Es ist noch zu früh für Sie, wieder ein Kind zu bekommen. Ihr Körper ist nicht bereit.«

Ich lasse die Untersuchungen machen, doch der Arzt will, dass ich noch woanders hingehe, angeblich sind die Ergebnisse nicht eindeutig, man muss eine weitere Ultraschalluntersuchung machen. Wahrscheinlich wird alles gut, es ist einfach noch ein bisschen früh. Dieses Mal werde ich von Anfang bis Ende regelmäßig zu den Kontrolluntersuchungen gehen. Es kann doch nicht sein, dass es dem dritten Kind auch schlecht geht! Ich rede mir ein, dass ich mich glücklich schätzen kann, weil ich endlich Mutter werde. Ich will mich bemühen, diese unerwartete Schwangerschaft zu akzeptieren und das Kind schon von jetzt an zu lieben; das hilft sicherlich.

Ich gehe nach Hause. Mir ist schlecht, ich kann nichts essen. Bei Fatima kann ich nicht mehr arbeiten. Mein Mann ist immer noch nicht zurück, dabei hat er doch schon vor Wochen versprochen, dass er kommt. Ich will dem Baby alle Chancen geben und muss verstehen, was die Ärzte mir sagen. Ich rufe meinen Mann an, der mir rät, mich an seinen Onkel zu wenden. Doch den hatte ich schon angerufen, er hat keine Zeit.

Er ist der Meinung, mein Mann müsse mich begleiten. Mein Mann verspricht, so bald als möglich zurückzukommen. Ich sitze zu Hause und warte weitere zwei Wochen.

Ich habe weder Kraft noch Geld. Ich finde heraus, dass Fatima umgezogen ist, ohne mir etwas zu sagen, dabei schuldet sie mir noch so viel Lohn. Ich fasse es nicht. Ich habe keine Ersparnisse mehr, nichts, außer der lächerlichen Summe, die mein Mann mir dagelassen hat und die ich nur im äußersten Notfall anrühren darf. Ich kaufe Milch und Baguette. Ich gehe nicht aus dem Haus, manchmal bleibe ich drei Tage hintereinander in der Wohnung. Ich schlafe viel, ich sehe von morgens bis abends fern oder höre Radio. Wenn ich den Fernseher ausschalte, mache ich das Radio an und umgekehrt. Ich kann die Stille meines Lebens nicht aushalten. Die Leere. Wenn ich nichts mehr zu essen habe, versuche ich Kraft zu sammeln, und gehe bei Léonie putzen. Ich bewege mich schwerfällig, aber ich schaffe es. Ich komme mit meinen fünfundzwanzig Euro zurück und halte wieder eine Weile durch.

Ich telefoniere mit meinem Mann, er sagt, ich solle mit meiner Tante zum Arzt gehen. Ich erwidere, dass das nicht in Frage kommt, ich kann meinem Onkel nicht sagen, dass ich schon wieder schwanger bin.

Mein Onkel ist wütend, dass ich bei meinem Mann geblieben bin, wo er doch alles getan hat, um mich vor einer weiteren Schwangerschaft zu schützen, es wäre mir peinlich, ihn um Hilfe zu bitten. Ich habe mich in keiner Weise nach dem gerichtet, was er, die einzige Person, die mir helfen wollte, mir geraten hat. Mein Mann sagt, ich solle Geduld haben, er würde bald zurückkommen.

Zweite ärztliche Untersuchung. Ich habe große Schmerzen. Die Ergebnisse zeigen, dass das Kind noch nicht richtig entwickelt ist. Die Ärzte sorgen sich. Sie fragen nach dem Vater des Kindes und wo er sei. In meinem schlechten Französisch sage ich, dass ich es nicht wisse. Ich traue mich nicht, ihnen zu sagen, dass der Vater mich ganz allein gelassen hat und seine anderen Frauen in Afrika besucht. Ich habe Angst, sie könnten die Polizei benachrichtigen. Die Ärzte sagen, ich solle in Bagnolet eine Ultraschalluntersuchung machen lassen und wiederkommen, wenn das Resultat nicht gut ist. Mein Herz krampft sich zusammen, als ich das höre. Auf dem Heimweg gehe ich zu Corosa und erzähle ihr alles, sie beruhigt mich, sie sagt, manche Kinder bräuchten eben Zeit zum Wachsen. Ich will ihr glauben. Bei mir in der Wohnung ist es ganz dunkel. Ich mache den Fernseher an und setze mich erschöpft auf die Bettcouch. Es wird langsam kühl. Ich muss mein Möglichstes tun, damit diese Schwangerschaft gut verläuft.

Am nächsten Tag mache ich in Bagnolet einen Termin für einen Ultraschall aus. In drei Tagen soll ich wiederkommen. Am nächsten Tag, als ich gerade unten bei Corosa bin, höre ich, wie jemand an meine Tür klopft. Ich steige die Treppe hinauf und sehe meinen Mann vor der Tür stehen.

»Du hast mir so gefehlt! Ich bin da, siehst du? Ich habe dir Essen aus Afrika mitgebracht.«

Dass er zurückgekommen ist, beruhigt mich. Er kann mich zum Ultraschall begleiten. Ich habe gar keinen Mut mehr, weil ich spüre, dass in meinem Bauch etwas nicht in Ordnung ist. Ich kann nicht lachen, nicht sprechen, ich bin ganz verkrampft. Ich kann es nicht einmal mehr überspielen.

Mein Mann sagt, das Baby müsse die Anwesenheit seines Vaters spüren – ich müsse sofort mit ihm schlafen.

Er fügt hinzu: »Es sei denn, du hast mich betrogen und es ist gar nicht mein Kind … Komm her, du fehlst mir!«

Ich erwidere: »Was soll das heißen, ich fehle Ihnen? Sie waren gerade über einen Monat bei Ihren Frauen, und ich soll Ihnen fehlen?«

Ich finde, er könnte mich ein wenig in Ruhe lassen. Er sieht doch, wie schwach ich bin, ich bin gar nicht mehr ich selbst. Außerdem habe ich Angst, mir eine Krankheit einzufangen. Im Radio habe ich gehört, dass man sich anstecken kann, wenn man mehrere Sexualpartner hat. Und er war doch bei allen seinen Frauen …

Er schreit, ich solle den Mund halten. »Wenn du so etwas sagst, bringst du dein Kind um! Ich bin Marabut, und ich habe gesehen, dass dein Kind sterben wird, wenn wir nicht miteinander schlafen.«

Solchen Worten habe ich nichts entgegenzusetzen. Ich will meinem Kind nicht schaden.

Ich würde gern mit meiner Mutter sprechen, aber mein Mann verbietet mir, ihr zu sagen, dass ich wieder schwanger bin. Er hat meiner Familie in Afrika nichts gesagt; wir müssen die neue Ultraschalluntersuchung abwarten. Als ich dann die Stimme meiner Mutter höre, bin ich gerührt, aber ich wahre Stillschweigen über diesen Punkt. Sie meint, ich hätte so eine komische Stimme. Ich sage, ich sei krank, ich hätte die Grippe. Sie sagt, ich solle mich behandeln lassen – und ich solle auch immer schön mit meinem Mann schlafen. Ich begreife nicht, wieso sie das sagt. Sie erzählt mir, mein Mann hätte behauptet, er müsse auf dem Boden schlafen, weil seine Frau ihn zurückweisen würde.

Mir verschlägt es die Sprache. Mein Mann erzählt meiner Familie Schlechtes über mich, und ich kann mich nicht einmal dagegen wehren, weil er zuhört. Ich sage, ich würde jetzt auflegen; sie rät mir noch, ins Krankenhaus zu gehen und etwas gegen meine Grippe zu tun.

Am nächsten Morgen warten wir in der Klinik von Bagnolet darauf, dass ich zum Ultraschall geholt werde. In meinem Kopf dreht sich alles. Ich habe das Gefühl, dass sich meine Stimmung alle paar Sekunden ändert. Ich warte schon viel zu lange. Zwei Stunden schon, und die Angst lässt nicht nach. Immer wieder durchfahren mich plötzlich Stiche der Hoffnung, die aber gleich wieder vergehen. Endlich ruft man mich auf. Zwei Ärzte sind da, schnell kommen drei weitere – alle starren auf den Monitor, während ich da liege.

»Nein, Mademoiselle, Ihr Kind hat sich noch nicht entwickelt, es hat sich nichts verändert. Tut uns leid. Es gibt Komplikationen, wir können hier nichts tun.«

Sie schicken mich gleich ins Krankenhaus von Les Lilas. Auf der Busfahrt spreche ich mit mir selbst, spreche mit meinem Baby. Ich bin überzeugt, dass das Kind in meinem Bauch lebt, ich sage: »Egal, was passiert, ich bin immer bei dir, ich tue alles, um dich auszutragen, um dich zu lieben.«

Ich versuche, stark zu sein, aber ich habe das Gefühl, alles hat sich gegen mich verschworen. Ich sitze neben diesem Mann, der meine Mutter anlügt, der mich anlügt. Seit bald drei Monaten habe ich dieses Kind im Bauch und spüre, dass etwas nicht stimmt. Damals, als ich Fatoumatou erwartete, hatte ich andere Gefühle. Dieses Mal entwickelt sich nichts.

Mein Mann meint, das werde schon noch. Er, der Marabut, habe seine »Gegenstände« zu Rate gezogen, und sie hätten ihm offenbart, dass das Kind ganz normal auf die Welt komme.

Im Krankenhaus von Les Lilas geben wir die Ergebnisse der Ultraschalluntersuchung ab. Wir sagen, dass die Ärzte in Bagnolet nicht helfen konnten und uns hierhergeschickt hätten. Wir müssen in der Notaufnahme warten. Als wir schließlich aufgerufen werden, sieht sich der Arzt das Bild an und spricht mit meinem Mann. Er weint. Ich habe nicht verstanden, was der Arzt gesagt hat, aber die Tränen meines Mannes sprechen Bände, sie sagen alles, was ich nicht wahrhaben wollte. Die Ärzte sagen, sie wollen mir das Kind unverzüglich wegmachen, weil es missgebildet sei. Sie versuchen, mich zu beruhigen, aber ich bin in Tränen aufgelöst.

Heute ist Donnerstag, am Samstag werde ich operiert. Auf dem Rückweg sagt mein Mann, ich solle mich nicht unterkriegen lassen, denn ich sei bald wieder schwanger.

Ich kann es nicht mehr hören, ich sage: »Nein, nein, hören Sie auf, erzählen Sie mir nichts von einem anderen Baby, wo ich doch noch eines im Bauch habe.«

Tief in meinem Herzen glaube ich, dass sich alles noch zum Guten wenden kann. Vielleicht ist das Baby nur ein Spätentwickler; Léonie hat gesagt, so etwas komme vor. Ich habe noch zwei Tage Zeit, um das Kind zu nähren, damit es wachsen kann.

In den Tagen vor der Operation bewege ich mich kaum, ich esse, so viel ich kann, ich ruhe, damit das Kind meine Energie aufnehmen kann. Ich versuche, alle schlechten Gedanken zu verdrängen. Alles muss positiv sein. Ich liege auf der Couch und sehe fern. Ach, wenn *Feuer der Liebe* doch nie zu Ende gehen würde! Ich könnte ewig zusehen, wie die Leute im Fernsehen leben, dort ist alles schön, sie leiden nie länger als zwei Folgen hintereinander.

Ich gehe zu Corosa hinunter. Mein Mann hat ihr schon Bescheid gesagt. Sie sagt, es tue ihr so leid, sie wisse, wie das ist, auch sie habe ein Kind verloren. Die Worte hängen im Raum. Ich brauche eine Weile, bis ich es verstehe. Ich sage, mein Kind sei nicht verloren, es sei in meinem Bauch. Sie sieht mich an und sagt: Sie wollen es herausholen, weil es tot ist. Mein Kind ist tot.

Am Abend nimmt mein Mann keinerlei Rücksicht, er will mit mir schlafen. Er meint, das Baby müsse wieder mal seinen Vater spüren. Ich weiß, dass das Kind tot ist, ich weiß jetzt, dass er mich anlügt, aber ich lasse ihn machen, es geht nicht anders.

Mein Onkel ruft an. Er hat schon lange nichts mehr von mir gehört. Ich gestehe ihm alles, sage, dass ich schwanger bin, das Kind missgebildet ist und man es wegmachen muss. Er schreibt sich die Telefonnummer des Krankenhauses auf. Ich spüre, dass ich ihm leidtue. Ich mache mir Vorwürfe, weil ich ihm Sorgen bereite. Ich schäme mich, weil ich nicht auf ihn gehört habe, dabei wollte er mich nur schützen. Bevor ich auflege, sagt er noch: »Viel Kraft!«

Ich rufe meine Mutter an und sage ihr, was passiert ist. Sie ist traurig für mich, aber sie meint, dass auch ich Schuld daran trage. »Weil du dich deinem Mann widersetzt und ihn nicht machen lässt, was er will. All das belastet deine Schwangerschaft.«

Und anstatt mich zu wehren, sage ich: »Du hast Recht, Mama, ich werde versuchen, mich zu ändern. Ich werde versuchen, nett zu ihm zu sein und alles zu tun, was er will.«

Ich weiß, dass sie Unrecht hat, aber ich will mich nicht streiten, sie wird mich nie verstehen. Und außerdem brauche ich Ruhe. Morgen machen sie mir mein Kind weg.

25. KAPITEL

Sie wollen mich betäuben, vielleicht sterbe ich daran. Mir ist heiß, dennoch schlottere ich am ganzen Leib. Ich habe das Gefühl, dass ich überall Gänsehaut habe. Aber nein, ich bin in einer Grotte, und es ist eiskalt.

Ich habe meinen Mann wegen allem um Verzeihung gebeten. Ich habe ihn angefleht, nicht schlecht über mich zu sprechen, wenn ich sterbe. Ich will einen guten Eindruck hinterlassen. Das ist alles, was mir geblieben ist.

Ich liege in einem Zimmer im sechsten Stock des Krankenhauses. Man gibt mir Spritzen, man legt Infusionen, ja, ich kenne das alles schon. Ich kann Krankenhäuser nicht ausstehen, ich kann mich nicht damit abfinden, hier zu sein, an einem Ort, der mir solche Angst macht. Ich hasse es, ich hasse alle, ich verfluche mich, weil ich wieder im Krankenhaus bin, ich zittere. Und dann sagt mein Mann auch noch: »Beruhige dich. Alles wird gut gehen.«

Am Fenster führe ich Selbstgespräche. Ich sage zu Fatoumatou, dass sie mich begleiten soll, wenn sie noch bei mir ist. Ich sage zu Gott, dass ich Hilfe brauche, dass er mich beschützen soll.

Ich darf nicht an den Mitteln sterben, die sie mir jetzt gleich geben, damit ich einschlafe. Ich glaube, dass ich den Tod streife, dabei ist es doch nur ein kleiner Eingriff. Aber es ist ein Todeseingriff.

»Zählen Sie bis drei und sagen Sie, was Ihnen einfällt.« Ich zähle bis drei, aber ich habe keine Lust, etwas zu sagen, nur dass ich an meine Mutter denke.

Als ich wieder aufwache, bin ich kraftlos, ich kann nur noch stöhnen, dass ich Schmerzen habe. Ich bin benebelt, aber ich spüre schon, dass das Kind nicht mehr in meinem Bauch ist. Ich rede mir ein, ich hätte es verloren, weil mein Mann mich geschlagen hat. Einmal hat er mir Schläge auf den Bauch gegeben, ich habe versucht, das Baby zu schützen, aber es ging wohl nicht. Ich denke, vielleicht habe ich mich auch schlecht ernährt.

Doch die Ärzte erklären mir nicht, warum sich das Kind nicht normal entwickelt hat, sie sagen lediglich, dass der Eingriff gut verlaufen sei und ich bis zum Abend bleiben könne, danach würde ich abgeholt und nach Hause gebracht. In ein paar Tagen muss ich wiederkommen, damit sie sich vergewissern können, dass in meinem Bauch nichts zurückgeblieben ist. Das ist alles. Und so verliere ich mein drittes Kind, ohne zu wissen, warum.

Kaum bin ich zu Hause, sagt mein Mann, er würde in einigen Tagen wieder nach Guinea fliegen.

»Ich kann nicht hierbleiben, nichts tun und dich in diesem Zustand sehen. Ich reise in vier Tagen ab. Eine meiner Frauen bekommt ein Kind, ich will bei ihr sein.«

Ich liege. Ich habe keine Kraft mehr. Ich brauche ihn, brauche ihn an meiner Seite, er soll mir helfen zu verstehen, was die neuen Ärzte zu mir sagen, aber er geht, um mit den Frauen zusammen zu sein, die ihm Kinder schenken. Ich komme mir völlig unnütz vor. Es ist, als würde er mich nicht sehen. Ich bin unsichtbar. Er kommt und geht, er erledigt dies und das. Und er reist ab, während ich noch ans Bett gefesselt bin.

Er lässt mir hundert Euro da und sagt, ich solle schnell wieder arbeiten gehen. Und von dem Geld, das ich verdiene, muss ich ihm schicken, so viel ich kann.

Die Tür geht zu, ich bin allein. Allein mit meinem leeren Bauch. Manchmal habe ich das Gefühl, ich sei immer noch schwanger, dann berühre ich meinen Bauch, aber ich ziehe meine Hand schnell wieder zurück.

Ich nehme es ihm übel, dass er mich allein gelassen hat. Ich kann mich nicht damit abfinden. Es gibt so viel zu tun. Ich weiß nicht, wie ich das alleine bewältigen soll. Ich muss den Arzt anrufen, einen Termin vereinbaren, muss hingehen, pünktlich sein. Jedes Mal fragen sie mich das Gleiche, ich muss ihnen die Entwicklung meiner drei Schwangerschaften in allen Einzelheiten schildern. Ständig schreiben sie mit, notieren alles, aber sie lesen es wohl nie, denn ich muss immer wieder alles von Anfang an erzählen und den Tod meiner drei Kinder noch einmal erleben.

Mein Mann hat seine Frauen, seine Kinder, er ist über dreißig Jahre älter als ich. Was auch passiert – er hat sein Leben, er hat alles, was er braucht. Und ich werde allein sein.

Jeder Tag ist gleich – die Nacht und auch der Tag. Ich komme mir vor wie ein Geist. Ich kann immer nur eine Sache auf einmal machen. Ich versuche, mich auf meine Verpflichtungen, meine Termine zu konzentrieren, der Rest fällt durch die Maschen. Wenn ich keine Milch mehr habe, bekomme ich von Corosa welche. Man sieht, dass es mir schlecht geht. Ich werde meinen Onkel besuchen. Er ist nett, aber er sagt, ich müsse selber wissen, was ich will. Ich kann nicht klar denken. Was ist mir nicht alles zugestoßen, seit ich in Europa bin! Wenn ich gar kein Geld mehr habe, reiße ich mich zusammen und gehe zu Léonie putzen. Ich erzähle ihr, was passiert ist, sie schreit:

»Bist du verrückt? Du warst wieder schwanger? Wo ist dein Mann? Denkst du denn gar nicht nach? Begreifst du nicht, was hier abläuft? Er versaut dir dein Leben, und du merkst es nicht mal!«

Alles dreht sich. Ich weiß nicht mehr, was ich machen soll, wie ich es machen soll. Wenn ich durch Les Lilas gehe, sehe ich schön angezogene Menschen, Leute, die sich küssen, aber bevor ich wieder zu Hause bin, spüre ich schon das Gewicht einer Welt, die es gar nicht gibt.

Ich weiß, dass mein Problem darin liegt, Lösungen in der Leere zu suchen. Unablässig überlege ich, was mich zermürbt und was ich machen muss, damit es mir besser geht. Doch ich weiß nicht, welcher Weg zum Ziel führt. Ich weiß nicht, was ich tun muss. Ich bin die Gefangene dieses Mannes und dieses elenden Lebens. Bei uns in Guinea würde jedoch niemand einem anderen die Schuld an dem geben, was mir widerfährt, mein Leben verläuft einfach so. Gott hat es so gewollt. Was mir zugestoßen ist, war Gottes Wille. Ich kann keinem die Schuld geben.

Bald werde ich achtzehn, und doch komme ich mir alt vor, so alt. Ich bin eine Jugendliche, doch ich weiß nicht, was Jugend ist. So etwas gibt es nur in glücklichen Ländern, in Ländern und bei Menschen, die genug zu essen haben und an dem Ort leben können, wo sie geboren wurden. Ich sehe nichts vor mir, nichts um mich herum, nur das: Mit siebzehn Jahren bin ich schon alt. Und dieses Leben nimmt kein Ende. Jeden Morgen frage ich mich, wieso ich aufstehen soll. Jeden Tag verbringe ich allein in meinen vier Wänden oder irre in dieser grauen Vorstadt herum, wo niemand auf mich wartet, ich sehe nicht einmal mehr, ob die Sonne scheint.

Von meinem Onkel kann ich keine Hilfe erwarten. Er hat begriffen, was ich mit meinem Mann für ein Leben führe, und hat versucht, mich dort herauszuholen. Es ist, als hätte ich ihn verraten. Ich spüre, dass ich ihn enttäuscht habe, als ich das Angebot, bei ihm zu bleiben, abgelehnt habe. Er hat begriffen, dass mein Mann nicht gut für mich ist. Wie lange habe ich darauf gewartet, dass mir jemand die Hand reicht! Und als ich diese Hand gefunden hatte, habe ich sie losgelassen. Aus Angst, aus Trägheit, wegen dieser Einsamkeit, die mich verzehrt bis ins Mark. So ist es, wenn man verzweifelt ist.

Ich kompensiere es, in dem ich mich vollstopfe. Je mehr Essen es gibt, desto mehr esse ich auch. Ich fresse, als würde es morgen nichts mehr geben. Ich stürze mich aufs Essen, ich schlinge alles hinunter, was mir in die Hände fällt. Ich kenne meine Grenzen nicht, weil ich keine mehr habe. Ich will zu meinen Eltern zurück, damit sie mir Grenzen setzen, auch auf die Gefahr hin, dass sie mich ebenso schlagen wie mein Mann. Zumindest würden sie mir sagen, wo es langgeht. Doch allein, wie ich bin, lege ich die Hände in den Schoß, ich lasse die Zeit verstreichen und lasse zu, dass die anderen mich zerstören.

Wie an jedem Abend kuschle ich mich auf meine Bettcouch und mache den Fernseher an, um mein Schicksal zu vergessen. Nicht mehr denken. Um meinem eigenen Leben zu entfliehen, muss ich am Leben von Leuten teilhaben, die ich nicht kenne. Ich zappe. Nur glückliche Menschen, schöne Menschen. Auf einem Sender bleibe ich hängen – eine hübsche Frau erscheint auf dem Bildschirm. Doch sie erzählt schreckliche Sachen. Alles, was sie sagt, findet in meinem tiefsten Inneren einen fürchterlichen Widerhall. Unglaublich, ich erlebe meine Geschichte wieder. Was diese Frau erzählt, habe ich durchgemacht. Ich weine. Die Tränen hören nicht auf zu fließen, ich bin völlig durcheinander, schockiert, aus dem Häuschen. Und dennoch begreife ich, dass all das vielleicht aufhören kann. Endlich. Wenn *ich* es beschließe. Die Frau erzählt, dass sie geschlagen wurde, sie sagt, alle zwangsverheirateten, leidenden Frauen sollen wissen, dass es Menschen gibt, die ihnen dabei helfen, ihre Männer zu verlassen. Sie sagt ein Wort, das ich nicht verstehe und nicht ganz behalten kann. Doch ich kann noch rechtzeitig einen Zettel holen und ein S schreiben, gefolgt von einem O. Ich merke mir, dass das erste Wort »Sozial« war. Dieses Wort darf ich nicht vergessen. Dank dieser Frau kommen plötzlich mein Leben, meine Hoffnung, mein Mut zurück. Man wird mich retten, ich werde gehen … Endlich kann ich ihn verlassen, weil ich nun weiß, dass es Menschen gibt, die mir helfen können und gegen die mein Mann machtlos ist.

Als die Sendung zu Ende ist, bin ich ganz fertig und überdreht. Ich gehe hinunter und wecke Corosa. »Sag mal, weißt du, was eine Sozial ist?«

Corosa sieht ganz verschlafen aus, sie meint, ich hätte sie aus dem Bett gerissen. Ich sage, ich müsse wissen, ob diese »Sozial« mir helfen können, hier herauszukommen.

Doch das Wort sagt ihr nichts. »Sozial …? Was soll das sein?«

»Na, diese Leute, die anderen helfen … deren Arbeit es ist, Menschen zu helfen, die zum Beispiel keine Wohnung haben.«

»Ach, du meinst Sozialarbeiterinnen! Ja, so was gibt's. Auf dem Rathaus bekommst du die Adresse. Aber was willst du denn bei den Sozialarbeiterinnen?«

»Ich weiß es noch nicht.«

»Na ja, sie können dir natürlich helfen, etwas zu essen zu besorgen, aber sonst können sie nicht viel machen.«

»Wir werden sehen. Tut mir leid, dass ich dich geweckt habe.«

Ich gehe wieder hinauf, aber ich mache die ganze Nacht kein Auge zu. Also sehe ich weiter fern. Nun denke ich nur noch an eins: von hier wegzugehen.

26. KAPITEL

Ganz früh am nächsten Morgen gehe ich aufs Rathaus von Les Lila. Schon allein so eine Behörde zu betreten, macht mir solche Angst, dass ich nicht weiß, ob ich es schaffe. Einen Fuß dort hineinzusetzen – das ist verrückt. Ungeheuerlich. Ich denke, vielleicht sind meine Schuhe schmutzig und hier ist es zu sauber für mich. Ich komme mir vor wie eine Wilde, die einen Palast betritt. Doch ich denke an die Frau im Fernsehen. Ich weiß, dass in diesem Gebäude Menschen sind, die mir helfen können. Ich gehe zum Empfangsschalter und stammle recht und schlecht:

»Gibt es hier So…?«

Die Dame sagt, es gebe hier viele Leute, deren Namen mit »So« beginnt.

Ich konzentriere mich auf das ganze Wort: »Sozi…?« »Ach, Sozietäten. Meinen Sie das?«

»Nein, keine Sozietäten – Sozialen.«

»Sozialarbeiter? Hier ist eine Liste mit den Telefonnummern aller sozialen Einrichtungen in Les Lilas. Sie können Ihnen helfen, wenn Sie etwas zu essen brauchen. Es gibt hier auch die *Restos du Coeur* [1].«

Ich danke der Dame und verlasse das Rathaus mit der Liste. Ich habe es geschafft. Zu Hause rufe ich gleich diese *Restos* an, man sagt mir Dinge, die ich nicht verstehe, man gibt mir

[1] Essensausgabe für Bedürftige [Anm. d. Übers.]

Telefonnummern, die ich notiere, dann lege ich auf. Doch gleich wähle ich die nächste Nummer, um weiterzumachen, es ist mir egal, was diese Anrufe kosten, es ist mein Leben; meine Chance ist gekommen, sie ist da.

Mein Französisch ist nicht leicht zu verstehen. Ich versuche, klar und deutlich zu sprechen, suche die richtigen Worte, die wahren Worte, die ich wirklich brauche. Und plötzlich habe ich eine Sozialarbeiterin in der Leitung.

»Guten Tag. Wie heißen Sie? Was ist passiert?«

Geschafft. Ich spreche mit jemandem, ich muss sie unbedingt überzeugen, sie darf nicht auflegen. Geduldig hört sie sich meine Geschichte an und schlägt mir einen Termin vor. Aber nein, sage ich, ich habe nicht mehr so viel Zeit. Seit dreieinhalb Jahren lebe ich in diesem Albtraum, jetzt muss endlich Schluss sein.

»Kann ich gleich zu Ihnen kommen?« Ich lasse nicht locker.

Schließlich sagt sie: »Gut, aber vor siebzehn Uhr, dann schließen wir. Haben Sie unsere Adresse?«

Als ich auflege, zittere ich am ganzen Leib. Eine unbändige Freude überkommt mich, doch plötzlich frage ich mich: Und wenn ich nun etwas mache, für das Gott mich strafen wird?

Schon bin ich draußen, mit dem Zettel in der Hand, und schaue mich um, versuche die Straßenschilder zu lesen. Ich treffe eine Frau, mit flehentlichem Blick bitte ich sie um Hilfe. Sie sagt: »Kommen Sie, ich begleite Sie.« Und tatsächlich. Irgendwann bleibt sie stehen und sagt: »Sehen Sie das große Haus gegenüber? Das ist es.«

Ich klingle und trete ein. Ich glaube, nun beginnt mein wirkliches Leben in Frankreich. Ich sehe gut aussehende, schön angezogene Menschen in diesem Büro. Ich wende mich an die Frau, die dem Eingang am nächsten sitzt:

»Ich wollte mit Ihnen sprechen, ich habe gerade angerufen.«

Sie sagt: »Nein, das war ich nicht. Das müsste meine Kollegin da drüben gewesen sein, sie wird Sie empfangen.« Sie bringt mich zu Hélène.

»Guten Tag. Sie sind …?«

Also, es geht los. Sie fragt, wo das Problem liege. Ich schildere ihr die Situation. Mein Mann ist im Ausland. Ich habe gerade ein Kind verloren. Zuvor habe ich in Holland gelebt. Ich habe falsche Papiere, ich bin erst achtzehn. Mein Mann hat mich gezwungen, ihn zu heiraten, er ist dreißig Jahre älter als ich, er schlägt mich. Die Lügen von Anfang an. Mein Mann, der Marabut. Die Worte sprudeln. Ich sage mehr, als ich jemals in meinem Leben gesagt habe. Doch von den Nächten sage ich nichts, vor allem nicht von der ersten Nacht, auch nicht von der Kette, die ich trage. Ich rede anderthalb Stunden. Von Zeit zu Zeit unterbricht sie mich, weil sie mein Französisch nicht so gut versteht und Erläuterungen braucht. Ich bin ziemlich erleichtert. Ich habe das Gefühl, etwas zu tun, und fühle mich weniger allein. Jahrelang habe ich kein Wort gesagt, und hier quillt alles nur so heraus. Ich wundere mich, dass die Frau mir so lange zuhört, noch nie hat mich jemand so lange reden lassen.

Als ich schließlich fertig bin, sagt sie: »Ich glaube Ihnen natürlich alles, aber Sie haben falsche Papiere, alles ist gefälscht. Ich brauche Beweise. Ihren Namen, Ihr Geburtsdatum, alles. Ich weiß noch nicht, wie ich Ihnen helfen kann, aber ich werde mich kundig machen. Ihre Situation ist kompliziert. Kommen Sie mit den Papieren wieder, dann sehen wir, was wir machen können.«

Das Gespräch ist zu Ende. Ich habe verstanden, dass ich wegen der Papiere, die ich auf Drängen meines Mannes gefälscht habe, wieder bei null anfangen muss. Von meinem Geburtsdatum kenne ich nur das Jahr. Bei uns feiert man keinen Geburtstag.

Hélène erzählt mir, dass sie schon Frauen gesehen hat, die von zu Hause weggegangen sind und nun auf der Straße stehen und nichts zu essen haben. Es ist kalt, fast Dezember. Doch ich mache bestimmt keinen Rückzieher. Sie gibt mir die Hand, ich gehe nach Hause.

Ich bin enttäuscht, aber entschlossen. Ich muss ihnen zeigen, dass ich wirklich aus dieser Situation herauskommen will, dass es mir nichts ausmacht, wieder von vorn anzufangen. Angst habe ich nur, wenn ich mir vorstelle, dass mein Leben so weitergeht. Dass ich nicht ins Kino, ins Schwimmbad gehen darf, nicht in Frieden leben darf wie die anderen Mädchen, die ich auf der Straße treffe, nicht in die Schule gehen darf, um lesen und schreiben zu lernen. Ich habe mich verändert. Ich spüre, dass ich eine andere werde. Mein einziger Gedanke ist, zu Hélène zurückzukehren. Dennoch nagen immer Zweifel an mir. Ich frage mich, ob ich es wohl schaffe. Mein Mann hat alles für mich gemacht, er hat meine Fahrkarten bezahlt, meinen Unterhalt, er hat meinen Eltern geholfen, hat alle Entscheidungen getroffen. Und was meine Eltern wohl von all dem halten werden? Ich muss alles ganz allein machen. Ich kann auf niemanden zählen außer auf mich selbst.

Als ich wieder zu Hélène gehe, habe ich alle Papiere dabei, die ich besitze – den Antrag auf politisches Asyl, die Bescheinigung von der Ausländerbehörde. Ich sage ihr die ganze Wahrheit.

»Vergessen Sie diese Papiere. Ohne einen Auszug aus dem Geburtenregister sind sie nichts wert. Sie sind bestimmt achtzehn Jahre alt, aber vielleicht glaubt man Ihnen nicht. Sie müssen eine Geburtsurkunde beantragen.«

Sie macht für mich einen Termin bei einer Jugendberatungsstelle. Dort bekomme ich einen weiteren Termin, aber es gibt immer noch keine Lösung. Soll ich aufgeben? Ich habe Angst, eine Dummheit zu machen. Ich weiß nicht, ob ich ihr vertrauen kann, ich habe Angst, nach Afrika zurückgeschickt zu werden. Und von meinem Mann kann ich nichts mehr erwarten. Doch jetzt, wo ich die Wahrheit gesagt habe, muss ich weitermachen. Es geht nicht mehr anders, nur so kann ich mich noch retten.

Während ich auf den zweiten Termin warte, versuche ich, mich abzulenken. Ich erzähle niemandem, welche Schritte ich unternommen habe. Manchmal spiele ich mit Corosas Kindern. Ich habe nichts mehr zu essen, aber ich traue mich nicht, um etwas zu bitten. Corosa hat auch nicht viel. Ich nähre mich von der Hoffnung, dass sich bald alles verändert.

Ich gehe zu dem Termin mit der Frau in der Beratungsstelle »Kiosque«. Sie heißt Marie. Marie macht Notizen, während ich erzähle. Sie sagt, wenn ich ernsthaft motiviert sei, würde ich es schaffen. Sie gibt mir Ratschläge.

»Hier kümmern wir uns um alles, was Sie sagen, und versuchen, Ihnen zu helfen. Wir lassen Sie nicht fallen.«

Am nächsten Tag treffe ich eine Psychologin, die Marie für mich gefunden hat. Es fällt mir schwer, ihr alles zu sagen, doch diese Frau spürt, dass ich die Wahrheit sage und am Ende meiner Kräfte bin. Ich schlafe nicht mehr, meine Augen sind blutunterlaufen.

»Wir werden Ihnen helfen, aber es ist kompliziert. Wohin wollen Sie gehen, wenn Sie Ihren Mann verlassen? Wollen Sie in Ihre Heimat zurückkehren? Wenn es so ist, müssen Sie es sagen.«

Da schreie ich: »O nein! Nach Guinea will ich nicht, das wäre das Schlimmste, das ist das Letzte, was ich mir wünsche.«

Ich habe Angst, dass dies alles zu nichts führt. Ich kann unmöglich zu meinen Eltern zurückgehen, diese Schande kann ich ihnen nicht machen. Außerdem kann ich meiner Mutter nicht helfen, wenn ich in Afrika bin. Ich will in Frankreich bleiben, legal, ohne Ehemann und mit einer Arbeit.

Die Psychologin verspricht, mir zu helfen. Sie sagt, wir würden uns ein Mal pro Woche treffen. Zum ersten Mal, seit ich in Europa bin, begreife ich, dass es ein Danach geben kann. Wir verabschieden uns, ich gehe heim und rede laut. Als würde ich langsam aus der Tiefe meiner Einsamkeit auftauchen. Ich denke über das nach, was passiert, und merke, wie ich mich gerade verändere. All die Termine, die ich wahrgenommen habe, all die Termine, die noch kommen werden …

Beim nächsten Mal sagt die Psychologin, sie habe im Internet eine interessante Adresse für mich gefunden, dorthin solle ich mich wenden. Ich reiße die Augen auf – ich weiß nicht, was das Internet ist, ich weiß nicht, was ein Computer ist, und ich verstehe nicht, wie mir eine Adresse weiterhelfen könnte.

»Das ist ein Verein, der sich um geschlagene Frauen wie Sie kümmert. Vielleicht können Ihnen die Kolleginnen helfen, Papiere zu beantragen. Aber Vorsicht! Es kann schwer werden. Sie wissen ja, dass viele Leute Anträge stellen, um in Frankreich zu bleiben.«

Als ich von diesem Verein für geschlagene Frauen höre, bin ich ganz aufgeregt. Er heißt »Voix d'Elles Rebelles«. Als wäre mein Albtraum mit einem Mal vorbei! Man wird mich schützen. Und das heißt: Alles, was ich durch meinen Mann erlitten habe, hätte gar nicht passieren dürfen. Vielleicht kann ich bald so leben wie andere Mädchen in meinem Alter – Jeans tragen und Turnschuhe, was mein Mann mir immer verboten hat. Ich will leben wie andere Jugendliche, will dieselben Dinge machen wie sie und unter einem Dach schlafen, wo ich mich sicher fühle. Wie gerne würde ich noch einmal vierzehn sein und so leben wie damals, bevor ich nach Holland ging, wie gerne würde ich die verlorene Zeit zurückdrehen.

Ich gehe zu »Voix d'Elles Rebelles« in Saint-Denis. Ich war noch nie in Saint-Denis und weiß nicht, wie ich mit öffentlichen Verkehrsmitteln dorthin komme. Ich frage die Leute nach dem Weg, manche helfen mir, andere antworten mir nicht einmal, sie ignorieren mich einfach und gehen weiter. Als ich ankomme, fühle ich mich an den »Kiosque« erinnert. Außerdem sieht es so aus, als würden alle zusammenarbeiten, sie kennen Marie und Hélène. Das gibt mir Vertrauen. Ich sage mir: Auch wenn der Weg lang ist – ich komme voran. Jeder Termin hat mit dem vorhergehenden und dem folgenden Termin zu tun. Türen öffnen sich ganz allein für mich, und ich weiß, dass ich die Chance nutzen muss. Ich muss also durchhalten und genau das tun, was man mir sagt, ich darf nicht untätig bleiben. Doch es ist schwer, die Kraft zu finden, um ständig weiterzumachen, weil ich nicht weiß, was diese Gespräche bringen werden. Doch wenn ich davon ausgehen würde, dass ich meine Zeit verschwende, wäre alles verloren. Nun fühle ich mich stark, ich habe Selbstvertrauen. Ich mache es – egal, was kommt.

Beim Verein lerne ich Sara kennen. Ich erzähle ihr meine Geschichte. Auch sie sagt, dass ohne Geburtsurkunde nichts geht. Bevor ich sie wieder verlasse, fragt sie mich, ob ich Hunger hätte. Ja, ich habe Hunger. Man kocht Tee für mich, und die Leute, die mich empfangen haben, sind so nett und teilen ihr Mittagessen mit mir. Sara fragt, ob ich sicher sei, dass ich den Mut hätte, meinen Mann zu verlassen, wenn er wiederkommt. Sie versteht nicht, wieso ich seine Rückkehr abwarten will. Doch für mich ist entscheidend, dass ich nicht während seiner Abwesenheit verschwinde. Er soll sehen, wie ich gehe, wie ich ihn verlasse. Als könnte ich es nur so schaffen, nie wieder Angst vor ihm zu haben, und mir sicher sein, dass ich nie wieder zu ihm zurückkehre.

»Ja, er ist gewalttätig, aber er hat mir die Wohnung gelassen und er wird dorthin zurückkehren«, sage ich zu Sara. »Ich will vor seinen Augen gehen.«

Das geht nicht in ihren Kopf.

»Ich kann dir jedenfalls versichern, dass es nicht einfach sein wird zu gehen. Es ist wirklich eine Prüfung. Und ich finde, du bist noch zu jung, um so etwas durchzustehen«, meint Sara.

Doch ich sage, dass ich bereit sei. »Wenn ich auf der Straße schlafen muss, dann ist es eben so. Das ist immer noch besser als dort, wo ich jetzt bin.«

Ich verabschiede mich vom Team der »Voix d'Elles Rebelles« und gehe nach Hause, ich lächle allen Leuten zu, ich lächle auch mir zu. Ich will kein Mitleid.

Ich finde sogar die Kraft, in Guinea anzurufen. Ich spreche mit meiner Mutter, ich sage ihr, dass ich die Rückkehr meines Mannes abwarten will und ihn dann verlasse. Sie versucht, es mir auszureden, aber ich höre nicht auf sie. Meine Entscheidung ist getroffen. Ich will nur sichergehen, dass sie es von mir erfährt und nicht durch Gerüchte. Ich frage sie nach Neuigkeiten von meinem Mann. Ich muss mit ihm sprechen. Sie sagt, er sei in Kap Verde.

Ich rufe alle Leute an, die ich kenne, um seine Nummer in Kap Verde herauszufinden. Er ist beunruhigt. Er hat mehrmals zu Hause angerufen, doch ich war nicht da. Ich sage, ich würde gerade versuchen, mich an einer französischen Schule anzumelden, Corosa würde mir helfen. Mein Herz schlägt schneller. Zum ersten Mal lüge ich ihn an. Ich nehme all meinen Mut zusammen und verrate ihm schließlich den wahren Grund meines Anrufs.

»Können Sie meinen Auszug aus dem Geburtenregister in Guinea besorgen? Den echten. Ich brauche die Bescheinigung für die Schule.«

Ich zittere, ich warte, dass er anfängt zu schreien, doch er sagt nur, er würde sehen, was er machen kann.

Ich nehme weiterhin meine Termine wahr. Man muss für mich das Gleiche mehrmals wiederholen, es gibt mir Sicherheit, wenn sich die Leute um mich kümmern. Marie meldet mich für einen Französischkurs an. Einmal die Woche habe ich zusammen mit älteren Leuten Unterricht und lerne korrekt sprechen.

Als ich eines Tages heimkomme, steht der Onkel meines Mannes vor der Tür. Er sagt, er sei schon mehrmals da gewesen, hätte mich aber nie angetroffen. »Das ist komisch für jemanden, der den ganzen Tag vor dem Fernseher sitzt«, sagt er.

Daran sei gar nichts komisch, sage ich. Ich müsse alles Mögliche erledigen, ich wolle nämlich seinen Neffen verlassen. Natürlich glaubt er mir nicht, aber das ist mir egal. All das – dieses Leben, diese Leute – würde bald der Vergangenheit angehören. Ich bin schon woanders. Also sage ich nur: »Tja, das werden wir am Schluss sehen.« Ich bin geladen wie eine Batterie, voller Kraft und Energie.

Weihnachten steht vor der Tür. Der Sozialdienst schließt für einige Zeit. Doch ich denke, er schließt für immer, und bin völlig fertig bei dem Gedanken, wieder ganz alleine dazustehen. »Nicht doch! Wir machen nur ein paar Tage zu, nach den

Feiertagen sind wir wieder da.« Ich war so naiv zu glauben, dass es nun vorbei wäre, dass sie mich fallen ließen … Dennoch fühle ich mich einsam, das tut weh: Jeder ist zu Hause bei seiner Familie, nur ich bin allein. Ich muss beim katholischen Hilfswerk in Les Lilas essen, während die anderen sich aufs Fest vorbereiten.

Den Heiligen Abend verbringe ich bei meinem Onkel. Ich merke gleich, dass umfangreiche Vorbereitungen getroffen wurden. Zum ersten Mal in meinem Leben sehe ich einen geschmückten Weihnachtsbaum. Ich frage, was das sei.

»Meine kleine Nichte! Du bist wirklich ein Landei. Das ist ein Christbaum.«

Es gibt auch Geschenke. Die Kinder können es gar nicht erwarten, sie auszupacken. Als ich meine Verwunderung darüber ausdrücke, so etwas in einer moslemischen Familie wie der unseren vorzufinden, erklärt mir mein Onkel ausführlich, dass er mit seiner Frau und seinen Kindern leben will wie die Franzosen, wie alle anderen Leute hier, deshalb feiert er Weihnachten und Silvester. Er will, dass sich seine Kinder als Franzosen fühlen, denn sie lebten schließlich hier, hier gingen sie zur Schule, hier hätten sie ihre Freunde. Also gibt es auch Geschenke unter dem Weihnachtsbaum. Und ein Festessen. Mein Onkel meint, wenn man Weihnachten feiert, hieße das nicht, dass man nicht auch die islamischen Feiertage begehen kann. Ich finde, er hat Recht, und begreife, dass sich mein Onkel und mein Mann unmöglich verstehen können – sie sind grundverschieden.

Ich habe eine schwere Woche, die Sozialdienste sind geschlossen, ich habe keine Termine, niemanden, mit dem ich reden kann. Ich habe Angst, die Kraft zu verlieren. Aber wenn ich an all das denke, was ich durchgemacht habe, weiß ich, dass ich nicht aufgeben werde. Ich denke an meine toten Kinder und sage mir, wenn ich noch einmal ein Baby haben sollte, dann nicht in diesem Haus!

Ich beschließe, zur Polizei zu gehen. Ich will meinen Mann wegen seiner Gewalttätigkeiten anzeigen. Ich nehme meinen Mut zusammen und betrete das Revier, ich gehe zu der Polizistin am Empfangsschalter. Ich fange an, ihr zu erzählen, was passiert ist. Sie hebt nicht einmal den Blick, sie schreibt weiter und sagt, ich müsse zu einem Anwalt gehen, ohne Anwalt könne sie nichts tun. Ich habe ja nicht einmal Geld für Essen – und einen Anwalt ... Wo soll ich denn einen Anwalt hernehmen? Ich gehe wieder, ich fühle mich völlig ausgestoßen.

Am Abend des 31. Dezembers bin ich ganz allein. Ich besuche einen jungen Mann, mit dem ich mich von Zeit zu Zeit unterhalte. Er arbeitet ganz in der Nähe.

»Was? Du bist allein? Immer bist du allein. Heute ist Silvester. Ich gehe mit ein paar Freunden in die Disco. Komm doch mit!«

Ich sage, das wäre schön, das würde mir Freude machen, doch dann blicke ich an mir hinunter und sehe meine schäbigen Kleider. »Aber ich kann nicht mitkommen, ich habe nichts anzuziehen.«

Er sagt, wenn ich nicht so dick wäre, hätte er mir Kleider von seiner Freundin leihen können. »Aber du hast nicht dieselbe Größe. Also kannst du wohl nicht mitkommen.«

Wir reden noch eine Weile. Ich frage ihn, ob es ihm etwas ausmache, wenn ich bis 23 Uhr bei ihm bliebe. Ich erzähle, was ich gerade so mache. Er redet mir gut zu, sagt, ich würde es schaffen und danach sei es besser, ich könnte dann so leben wie andere Mädchen. Doch an jenem Abend gehe ich ganz allein nach Hause, mit meinen alten Kleidern, mit meinen vielen Kilos; ich habe den Eindruck, von der Gesellschaft ausgeschlossen zu sein. Ich mache den Fernseher an, so vergehen die Stunden, und ich weine und weine.

Die Feiertage sind vorbei, die Sozialdienste öffnen wieder, und ich nehme mein Leben aus Terminen und Fahrten von hier nach da wieder auf. Marie macht mir neuen Mut und leitet alle möglichen Schritte für mich ein. Ich gehe auch weiterhin zu der Psychologin und zu Sara, alle reden über meinen Fall. Es geht immer besser, auch wenn die Frauen von »Voix« und meine Sozialarbeiterin mir nur wenig Hoffnung machen, dass ich Papiere bekomme. Im »Kiosque« kann ich telefonieren und ins Internet gehen, womit ich mich langsam ein wenig vertraut mache. Ich bin nicht mehr allein. Mir ist, als hätte ich mein Leben von vierzehn bis achtzehn verschlafen.

Die Dinge stagnieren. Ich bin frustriert. Ich will unbedingt, dass sich alles schnell ändert. Ich weiß, dass ich an die richtige Person kommen muss, die mir hilft, Papiere zu bekommen. So beschließe ich, mit der Zeitung *Le Monde* Kontakt aufzunehmen. Im »Kiosque« bekomme ich eine Telefonnummer und rufe von zu Hause aus an. Ich lande bei einer Sekretärin, erzähle ihr meine Lebensgeschichte und frage, ob es möglich sei, sie in der Zeitung zu veröffentlichen. Sie bittet um meine Nummer und sagt, sie würde sich erkundigen. Sie rufen zurück. Ich spreche mit einem Mann und bitte ihn, einen Artikel über mich zu schreiben und mir zu helfen, Papiere zu bekommen. Ersteres sei vielleicht möglich, sagt er, Letzteres aber gewiss nicht. »Wir sind kein Meldeamt, sondern eine Zeitung.«

Marie findet es ganz und gar nicht gut, dass ich mit der Zeitung zusammenarbeiten will. »Das ist nichts. Was Sie da machen, ist gefährlich. Lassen Sie es sein. Wenn die Zeitung wieder anruft, verweisen Sie sie an mich. Lassen Sie sich nicht dazu hinreißen, das bringt Ihnen nur Probleme.«

Le Monde ruft an. Eine Frau. Sie fragt, ob ich in die Redaktion kommen könne. Wir telefonieren lange, dann sagt sie: »Treffen wir uns nun oder nicht?« Ich sage ihr, dass die Leute, die sich um mich kümmern, nicht damit einverstanden seien. Sie sagt, ich könne sie jederzeit anrufen, wenn ich meine Meinung ändere. Wir verabschieden uns am Telefon.

Immer wenn ich heimkomme, wenn ich vor diesem heruntergekommenen Haus stehe, habe ich nur einen Gedanken: Mein Mann soll zurückkommen, damit ich endlich weggehen und dieses Kapitel abschließen kann. Immer wieder sage ich: »Komm zurück, komm endlich zurück. Ich will, dass du zurückkommst, ich kann nicht mehr.«

Am 15. Januar 2004 kommt er. Ich frage, wie die Reise war. Er sagt, alles sei gut gelaufen; er war in Kap Verde, im Senegal und in Guinea. Meine Eltern lassen mich grüßen, meiner Familie geht es gut.

»Schön«, sage ich.

»Ja, ich reise gleich weiter nach Amerika.«

Als ich das höre, denke ich: Ich habe nichts zu essen, nichts anzuziehen, nichts zum Leben, und er geht nach Amerika! Er fragt, ob er mir gefehlt hätte. Ich sage: ja. Aber innerlich ist es vorbei. Und dann fasst er mich wieder an, sagt, er wolle mit mir schlafen. Doch das kommt gar nicht in Frage.

»Erinnern Sie sich, dass Sie nach Afrika gegangen sind und mich ganz allein gelassen haben? Ich hatte gerade ein Kind verloren. Erinnern Sie sich? Sie sind gegangen, ich habe alles selber gemacht, ich war ganz allein bei den Ärzten.«

Er gibt mir die Geburtsurkunde, um die ich ihn gebeten habe, die echte, ohne gefälschte Angaben. Ich lese dieses alte vergilbte Papier. Ich bin überwältigt, als ich meinen wahren Namen und mein wahres Geburtsdatum sehe. Freude, Tränen, alles mischt sich. Ich verstecke die Urkunde gleich. Ich will nicht, dass er sie zerreißt. Dieses Dokument ist meine Freiheit. Ich warte vier Tage. Ich weiß, dass ich ihn verlassen werde, ich weiß nur noch nicht, wann. Ich stehe auf der Klippe und bereite mich auf den Sprung vor. Während dieser vier Tage verhindere ich, dass er mich anfasst. Morgens stehe ich früh auf und nehme meine Termine wahr, ohne ihm zu sagen, wohin ich gehe. Ich habe kein einziges Papier mehr zu Hause, ich habe alles bei »Voix d'Elles Rebelles« in Sicherheit gebracht. Mein Mann will wissen, was ich mache, warum ich immer weggehe. Mit der Angst im Nacken warte ich, bis es so weit ist, und frage mich, wann der Zeitpunkt gekommen sein wird und ich ihm die Wahrheit sagen und mich mittellos auf der Straße wiederfinden werde.

Ich gehe wieder zu »Voix d'Elles Rebelles« und sage Sara, dass mein Mann gekommen sei. Sie rät mir, sehr vorsichtig zu sein, warnt mich, dass er gewalttätig werden könnte. Sie gibt mir Fahrkarten und vergewissert sich, dass ich für den Notfall auch alle Telefonnummern bei mir habe – Polizei, Notdienst usw.

Ich gehe nach Hause.

Er fährt mich an: »Wo warst du? Warum sagst du mir nichts? Seit vier Tagen darf ich dich nicht anfassen, du stößt mich weg wie einen Hund. Was ist eigentlich los? Vorher warst du nicht so!«

Ich sage, es sei eben so, seit er gegangen ist und mich nach meiner Entlassung aus dem Krankenhaus allein gelassen hat. Die ganze Nacht lang macht er mir eine Szene, er versucht sogar, mir die Kleider vom Leib zu reißen und mich mit Gewalt zu nehmen, er droht, er brüllt. Er schreit, ich müsse mein

Verhalten ändern. Nun weiß ich, dass der Moment gekommen ist. Es ist Sonntag, und ich werde meinen Mann jetzt verlassen. Mit ganz veränderter Stimme sage ich, das sei nur der Anfang. »Das Ende kommt noch.«

Er stürzt zum Telefon und will meine Eltern anrufen. Ich reiße es ihm aus der Hand, es fällt zu Boden und funktioniert nicht mehr. Er geht mit einer Telefonkarte aus dem Haus und sagt, er würde alles meinen Eltern sagen. Dann kommt er zurück, geht wieder zum Telefon – wo nur der Stecker rausgezogen war – und ruft seine Brüder an, er sagt, ich sei keine Jungfrau gewesen, als ich zu ihm gekommen sei, ich sei nur eine »Bandiguinée«: halb Kriminelle, halb Hure. Ich sei eine Nutte, schreit er. Und dann sagt er auch noch zu ihnen, ich hätte einen Liebhaber und hätte mit ihm während seiner Abwesenheit die ganze Wohnung ausgeräumt und alles gestohlen.

Diese Worte sind befreiend. Das Schlimmste ist gesagt, nun kann ich gehen. Mein Mann sagt, er wolle mich nicht mehr behalten. Ich sage, ich würde auch nicht bei ihm bleiben. Sofort ändert er sein Verhalten, gibt vor, er habe gescherzt, es sei nur ein Witz gewesen.

»Hier, ich gebe dir hundert Euro, damit kannst du dir kaufen, was du willst!«

Aber es ist vorbei.

Ich sage: »Wissen Sie, ich lebe nun bald vier Jahre mit Ihnen zusammen. Ich habe das Gefühl, dass ich vierzig Jahre lang ein schlimmeres Leben hatte als meine Mutter. Verstehen Sie? Schlimmer! Nun gehe ich, und es ist endgültig. Beim ersten Mal bin ich zu meinem Onkel gegangen und wieder zurückgekehrt. Heute gehe ich und werde nie mehr zurückkommen. Und wenn ich eines Tages wieder an Ihre Tür klopfe, weil ich nichts zu essen oder kein Dach über dem Kopf habe, dann öffnen Sie mir nicht. Verschließen Sie Ihre Tür, und machen Sie mir nie wieder auf. Wenn ich Sie anrufe, weil ich auf der Straße sitze, legen Sie auf, wenn Sie meine Stimme hören. Wenn ich zurückkomme, können Sie mich schlagen, Sie können mit mir alles machen, was Sie auch heute machen. Aber ich werde nie wieder zu Ihnen zurückkommen.«

27. KAPITEL

Mein Mann wartet, bis ich ausgeredet habe. Er ist verblüfft über meine Entschlossenheit. Doch dann fängt er sich wieder und – paff, paff, zwei Ohrfeigen mitten ins Gesicht.

»Sag das noch mal!«

»Ich sage es Ihnen noch ein einziges Mal, ein drittes Mal sage ich es nicht. Sie haben mich geschlagen, ich werde nun mit diesen beiden Ohrfeigen gehen. Wenn Sie noch mal zuschlagen, mache ich das Fenster auf und rufe die Nachbarin. Ich zerschlage das Fenster. Und dann wird die Polizei kommen, die Nachbarin weiß Bescheid. Ich habe alle nötigen Schritte eingeleitet, um Sie zu verlassen. Ich war bei Sozialarbeiterinnen, bei Vereinen. Für alles, was Sie getan haben, könnten Sie hier in Frankreich zwanzig Jahre ins Gefängnis kommen, aber von mir aus können Sie Ihr Leben als Lügner und Marabut weiterleben, nur lassen Sie mich gehen.«

»Die Weißen werden dich verraten. Du wirst wieder zurückkommen, du wirst schon sehen. Aber – bitte! Ich helfe dir beim Packen.«

Wie ein Verrückter stopft er meine Sachen in eine Tasche. Ich weine.

»Los, hau ab! Du bist eine Hure. Ich hätte schon von Anfang an begreifen sollen, dass du keine Hausfrau bist. Schade. Ich hätte eine andere Frau kommen lassen sollen – die, die ich schon vor dreißig Jahren geheiratet habe!« Er ist rot vor Zorn.

Mein Gesicht brennt von den Schlägen. Ich bekomme langsam Angst und flüchte zu Corosa. Sie schlägt mir vor, die Polizei zu rufen.

»Nein, nicht die Polizei! Ich habe doch keine Papiere!«

Corosa fragt, ob ich Geld für ein Taxi hätte.

»Nein, ich habe nichts.«

Ich gehe wieder hinauf zu meinem Mann, er packt gerade meine *bazins* in die Tasche.

»Nein! Lassen Sie, ich nehme sie nicht mit. Ich bin nunmehr in Gottes Hand, nicht mehr in Ihrer. Wenn es Gott gibt, wenn er hier auf dieser Erde ist, dann werde ich es heute noch erfahren. Ansonsten brauche ich nichts. Ich bin ganz auf mich allein gestellt.«

Ich lasse meine afrikanischen Kleider und meinen Schmuck zurück. Als Erinnerung nehme ich nur die Kette mit. Er hält mir zwanzig Euro hin.

»Nein, lassen Sie nur. Gottes Kind bittet um nichts. Sie sind Marabut, und Sie glauben an das, was Sie tun. Ich aber glaube an Gott, und deshalb glaube ich an mich. Behalten Sie also Ihr Geld. Keine Sorge, das Taxi kann ich schon selbst bezahlen.«

Weinend steige ich in ein Taxi. Er steht daneben, sagt, ich solle ja nicht mehr zurückkommen. Ich habe so oft gesagt, dass ich gehen werde, ihm und den anderen, und habe es bis jetzt nicht getan. Deswegen glaubt er mir immer noch nicht. Dennoch, ich fahre.

Ich weiß nicht, wohin ich gehen soll. Es ist Sonntag, alles ist geschlossen. Ich kann nur zu meinem Onkel. Als ich dort ankomme, habe ich das Gefühl, erst aufzuwachen, dabei ist es schon fast Mittag. Ich sage, ich hätte meinen Mann verlassen, und er müsse das Taxi bezahlen, das unten wartet. »Onkel, heute bin ich gegangen, und ich werde nie wieder zurückgehen.«

Mein Onkel reagiert kühl. Er gibt mir Geld, ich bezahle. Und als ich wieder in die Wohnung komme, ist er sehr distanziert. Er sagt, mein Mann würde ganz bestimmt kommen und alles kurz und klein schlagen. Sie hassen sich; seit dem Familienrat ist noch mehr passiert, es war immer schwierig. Jedes Mal, wenn mein Onkel mir helfen wollte, hat mein Mann ihm übel mitgespielt, und mein Onkel hat schließlich beschlossen, dass er mit meinem Mann nie wieder etwas zu tun haben will. Ich bin verlegen, ich fühle mich nicht willkommen. Ich fange an zu weinen, aber mein Onkel sagt: »Nein, nein, nicht weinen, stell deine Sachen hierhin.«

Ich weiß, dass ich nicht bei ihm bleiben kann. Mein Mann wird mich sicherlich finden und meinem Onkel etwas antun.

Am nächsten Tag rufe ich Marie an und sage ihr, dass ich meinen Mann verlassen hätte und nun auf der Straße wäre. Ich merke, dass sie überrascht ist, dass sie es kaum glauben kann. Sie sagt: Nun ist es wirklich ernst. Ich solle sofort die Sozialarbeiterin anrufen. Ich versuche, Hélène zu erreichen, aber sie ist nicht da, und man verbindet mich mit einer Catherine; ich habe sie noch nie getroffen, aber sie schlägt mir vor, bei ihr im Büro vorbeizukommen. Ich lasse meine Sachen bei meinem Onkel, ich nehme nur eine kleine Tasche mit.

Catherine hört mir aufmerksam zu, während ich ihr meine Situation schildere. Sie sagt, wenn ich nirgendwo einen Platz zum Schlafen finde, könnte ich kostenlos den Notdienst unter der Nummer 115 anrufen und ein Bett für die Nacht bekommen. Sie sagt, ich solle am Nachmittag noch mal anrufen, und so verabschiede ich mich.

Ich bin so einsam. Ich gehe durch die Straßen, mein Mantel schützt nicht gut gegen die Kälte. Stundenlang spaziere ich herum und denke nach. Immer wenn ich an einer Telefonzelle vorbeikomme, wähle ich die 115, aber es ist immer belegt. Ich habe keinen einzigen Euro in der Tasche, also kann ich auch die Sozialarbeiterin nicht anrufen.

Als es dunkel wird, kauere ich mich in eine Telefonzelle. Ich habe Angst und mache kein Auge zu, doch niemand belästigt mich. Als sei ich unsichtbar.

Am nächsten Morgen gehe ich zu Marie. Sie ist erstaunt, dass ich die Nacht auf der Straße verbracht habe. Ich sage ihr, dass ich nicht bei Catherine anrufen konnte, weil ich kein Geld hatte. Sie telefoniert gleich mit Catherine, die sich Sorgen macht und meint, ich solle gleich zu ihr kommen.

In Les Lilas kümmert sich Catherine um mich, sie gibt mir einen Gutschein, dafür bekomme ich auf einem anderen Amt ein wenig Geld und kann Fahrkarten kaufen. Für diese Nacht findet Catherine in einem Heim etwas außerhalb in Épinaysur-Seine einen Schlafplatz für mich.

Ich fahre mit meiner kleinen Tasche an diesen unbekannten Ort. Doch bis ich dort ankomme, irre ich endlos herum. Die Leute in der S-Bahn erzählen mir irgendwas, und ich weiß nicht, wo ich aussteigen muss. Ich lerne die neuen Namen: Épinay-Argenteuil, Épinay-Villetaneuse … Ich komme durch alle Épinays, die es gibt. Ein Junge hat so viel Mitleid mit mir, dass er mir zehn Euro und seine Handynummer gibt, aber ich habe solche Angst davor, einem Mann mit bösen Absichten in die Hände zu fallen, dass ich davonlaufe. Und ich stinke so, dass ich mich schäme, anderen Menschen zu nahe zu kommen.

Nach zwei Stunden finde ich das Heim endlich. Eine Frau erwartet mich. Sie kennt schon meinen Namen. Sie bittet mich, ihr meine Geschichte zu erzählen. Dann erklärt sie mir die Regeln. Ich kann zwei Nächte in einem Zimmer bleiben, ich bekomme eine Mahlzeit am Tag. Man bringt mich in mein Zimmer – ich bin stolz, ich habe es geschafft, ein Bett ganz allein für mich zu haben, ohne Mann, ohne Familie. Ich atme auf. Ich verliere die Hoffnung nicht, denn ich habe begriffen, dass die Hoffnung mir den Willen bringt und gleichzeitig die Fähigkeit zu handeln – und etwas Wertvolleres habe ich nicht.

Am nächsten Tag schlägt man mir vor, zum Roten Kreuz zu gehen und Kleider zu holen. Ich kann es gar nicht fassen, dass ich etwas geschenkt bekomme! Ich sehe die Hosen an – da passe ich unmöglich rein! Also suche ich größere Hosen, eine Bluse, zwei T-Shirts, zwei Pullover und einen Mantel. Ich bebe vor Freude, als ich damit in mein Zimmer in Épinay zurückkomme. Im Heim erfahre ich, dass ich zwei Monate bleiben kann, beziehungsweise einen Monat mit der Möglichkeit auf Verlängerung. Ich traue meinen Ohren nicht! Zwei Monate! Ich muss dankbar sein. Wo wäre ich ohne die Hilfe von Hélène, Marie und Sara gelandet?

Ich weiß, dass meine Tage im Heim gezählt sind. Ich habe zwar das Gefühl, dass man sich um mich kümmert, aber ich bin noch nicht in Sicherheit. Meine Lage ist nach wie vor heikel, und ich mache mir große Sorgen. Ich halte Distanz und will mich nicht zu sehr mit den anderen Mädchen im Heim anfreunden. Ich versuche, nicht an meinen Mann zu denken und an das Leben, das ich hinter mir gelassen habe. Meine Gefühle sind ganz durcheinander; um sie abzuwehren, konzentriere ich mich auf das, was konkret ansteht. Das Wichtigste – und wo ich auch wirklich etwas tun kann – ist, mich weiterhin um richtige Papiere zu bemühen.

Ich besuche abwechselnd alle Frauen, die mir helfen, ich gehe in den »Kiosque« zu Marie, zu Sara von »Voix d'Elles Rebelles« und schließlich zu Hélène beim Sozialdienst von Les Lilas, ich rede ein wenig mit ihr, hole ein bisschen Geld und Metrotickets.

Doch das Leben im Heim wird immer schwieriger. Eine Frau greift die anderen an, sie zieht ein Messer und schreit herum. Eines Tages droht sie, mich umzubringen, eine andere Frau stiehlt meine Essensmarken. Ich breche zusammen, ich sage der Heimleiterin, dass ich nicht mehr bleiben kann. Ich habe einen Mann verlassen, der mich geschlagen und vergewaltigt hat, und jetzt bin ich hier mit ebenso gefährlichen Frauen zusammen. Selbst wenn ich auf der Straße schlafen muss – für mich hat absoluten Vorrang, dass ich nie wieder mit Verrückten zusammenleben muss. Madame Borgo erklärt, diese Frau sei krank und das Heim der einzige Ort, wo sie hinkann. Doch sie versteht mich und verspricht, eine andere Unterkunft für mich zu finden. Je mehr schwierige Situationen ich meistere, desto stärker werde ich. Ich bin nicht mehr dieselbe. Ich hoffe nur, dass ich dabei mein kindliches Herz und meine Unschuld nicht verliere. Immer wieder sage ich mir: »Mädchen, du hast dein ganzes Leben lang Ja gesagt. Nun musst du lernen, Nein zu sagen. Du wolltest anderen so viel geben, dass du dich auffressen ließest. Also, wach auf!« Und seit ich gegangen bin, erwacht das Leben wieder in mir.

Die Heimleiterin von Épinay findet für mich einen Platz in Aulnaysous-Bois. Es ist eine Einrichtung des Roten Kreuzes. Morgens um acht gehe ich, abends um sechs kehre ich zurück. Ich schlafe dort schlecht, aber zumindest ist es warm, und es gibt saubere Laken. Ich sage mir, es ist mein Schicksal, dass ich dort gelandet bin, und ich nehme es in die Hand. Tagsüber weiß ich nicht, wo ich hingehen, an wen ich mich wenden soll, niemand wartet auf mich. Es ist kalt, ich habe das Gefühl, alles würde über mir zusammenstürzen, ich habe Angst unterzugehen, Angst vor den Schurken und Dieben, die sich überall herumtreiben.

Ich habe weiterhin meine Termine. Wenn ich an einen unbekannten Ort muss, notiere ich die Adresse sorgfältig auf einem Zettel. Oft verlaufe ich mich; stundenlang irre ich umher und versuche, die Straßennamen zu entziffern, ich bitte Leute um Hilfe. Manche begleiten mich bis ans Ziel, andere sehen mich an und sagen gar nichts, wenn sie feststellen, dass ich arm bin.

Wenn ich zum ersten Mal irgendwo hinkomme, muss ich immer meine ganze Geschichte erzählen. Ständig muss ich Formulare ausfüllen. Bei allen Beratungsstellen wurde mir gesagt, ich solle mich nicht mehr auf den alten Schein von der Ausländerbehörde beziehen, und so habe ich immer ein Schreiben bei mir, das meine Situation erklärt und mir bescheinigt, dass ich unter dem Schutz des städtischen Sozialdienstes von Les Lilas stehe. Das ist wie ein Passierschein, ein Dokument, das verhindert, dass ich verhaftet werde. Damit fühle ich mich beschützt. Ich habe keine Papiere, aber solange ich keine Dummheiten mache, hat die Polizei nichts gegen mich in der Hand.

Ich habe nur einen Slip. Wenn ich ihn wasche, kann ich ihn nicht mal trocknen lassen. Also ziehe ich ihn nass an.

Ich wandere stundenlang durch die Straßen. Oft gehe ich in eine Telefonzelle und rufe Marie, Hélène, Catherine oder Sara an, um zu hören, wo ich in der nächsten Nacht schlafen soll oder wann ich einen neuen Termin habe, um die Dinge voranzutreiben. Einmal war ich so müde, dass ich in der Telefonzelle eingeschlafen bin. Ich wollte nur kurz irgendwo anrufen, es klingelte lange; ich wartete und wollte dann noch mal wählen, währenddessen habe ich mich auf den Boden gehockt und bin eingenickt, ohne es zu merken. Als ich wieder aufgewacht bin, war es zwei Uhr nachts. So spät konnte ich nicht ins Heim von Aulnay zurück, die Tür war längst verschlossen. Ich rief die 115 an, und ein Wagen, der in der Nähe Streife fuhr, holte mich ab. Ich habe den Eindruck, überhaupt nicht mehr vom Leben auf der Straße wegzukommen, aber ich versuche mir einzureden, dass es weitergeht.

Von Aulnay komme ich nach Bobigny. Ich bleibe eine Woche. Im Heim ist es schwierig, dort sind viele schwangere Frauen, manche stehen kurz vor der Geburt.

Manchmal rufe ich den Verein für geschlagene Frauen an, weil der Anruf dort kostenlos ist. Ich will nur ein wenig reden und wissen, ob ich darauf hoffen kann, dass alles gut wird und man mir wirklich hilft. Ich brauche Papiere, ein Dach über dem Kopf, eine Arbeit, um mir meinen Lebensunterhalt zu verdienen, und ich muss Französisch lernen.

Eines Abends, als ich nach Bobigny zurückkehren muss, fühle ich mich so schwach, dass ich ein Taxi nehme. Ich sage zu der Fahrerin: »Fahren Sie mich bitte nach Bobigny, ich habe zehn Euro.«

Wütend dreht sie sich um und fährt mich an: »Zehn Euro? Machen Sie Witze? Nach Bobigny kostet es nicht zehn Euro, sondern fünfzig! Also raus hier, verlassen Sie mein Taxi.«

Ich sage ihr, dass ich so müde sei, ich flehe sie an, aber sie wird ganz rot.

»Raus! Raus aus meinem Taxi, sonst hole ich die Polizei!«

Sara und die Sozialarbeiterin kümmern sich um meine Papiere. Ich muss zur Botschaft von Guinea und zur Ausländerbehörde im Polizeipräsidium. Es heißt weiterhin, dass ich mir keine großen Hoffnungen machen soll, es wird in Frankreich immer schwieriger, Papiere zu bekommen. Doch ich kann diese Hoffnung nicht aufgeben; dann hätte ich ja gar nichts mehr. Ich habe niemanden – wenn ich nun auch kein Ziel mehr habe, ist mein Leben ganz leer. Also hoffe ich weiter und mache alles, was man von mir verlangt. Trotz der komplizierten Fahrten in Vororte, die ich nicht kenne, trotz des Umherfahrens in Paris, und all das in einer Sprache, die ich kaum beherrsche, verpasse ich keinen einzigen Termin.

Die Geburtsurkunde, die echte, ist zu alt. Sara sagt, ich müsse sie erneuern lassen, und das sei nicht einfach. Sie rät mir, nicht zu optimistisch zu sein. Das macht mich fertig.

Hélène hilft mir. Ich muss meinen Vater um Hilfe bitten. Wir rufen ihn an.

»Guten Tag, geht es Ihnen gut? Wie geht es der Familie?«

»Es geht.«

Ich bin erstaunt, dass er nichts sagt. Er kennt doch sicher meine Situation, aber ich habe es eilig, die nötigen behördlichen Schritte mit ihm zu klären.

Mein Vater hat gehört, dass ich meinen Mann verlassen habe. Er macht sich Sorgen und stellt mir viele Fragen. Ich antworte kurz angebunden. Er schlägt vor, einen Familienrat einzuberufen. Ich erwidere, das sei schon geschehen.

»Ich rufe vom Büro einer Sozialarbeiterin an, das Gespräch ist teuer. Ich muss Sie um etwas bitten.« Ich erkläre ihm die Sache mit der Geburtsurkunde und gebe ihm Hélène.

»Ihre Tochter ist hier bei mir. Wir wollen ihr helfen, aber dazu brauchen wir dieses Dokument.«

Mein Vater sagt, wir müssten ihm Geld schicken, damit er es besorgen kann. Hélène weigert sich, dann finden sie zusammen eine Lösung: Mein Vater besorgt die Urkunde, und das Rote Kreuz wird sie weiterleiten. Vor allem das Porto ist teuer. Drei Wochen später kommt die Sendung an.

Ich muss auch einen Pass beantragen. Ganz allein gehe ich zur Botschaft von Guinea. Von außen ist das Gebäude schön, aber innen ist es ziemlich verfallen. Dem Mann hinter dem

Schreibtisch erkläre ich, dass ich einen Pass brauche. Er sagt, das koste hundertfünfzig Euro, und gibt mir ein Formular. Er stellt mir viele Fragen, er will wissen, wo ich wohne, ob ich glücklich sei, ob ich viel ausgehe. Er verlangt meine Telefonnummer, angeblich braucht er sie, um mich wegen des Passes anzurufen. Ich gebe ihm die Nummer des Handys, das ich seit kurzem habe. Ich verlasse die Botschaft und bin kaum an der Metrostation angekommen, da ruft er auch schon an. Er will wissen, ob ich nach Hause gehe. Ja, ich gehe nach Hause. Er fragt auch, ob mir nicht langweilig sei …

Als ich das Hélène erzähle, sagt sie, dass ich diesen Mann auf keinen Fall außerhalb der Botschaft treffen soll. Später ruft er noch einmal an und schlägt vor, etwas trinken zu gehen. Ich lehne ab, ich habe keinen Durst. Das ging noch mal gut. Hélène wird dafür sorgen, dass mich beim nächsten Mal jemand begleitet.

Ich verlasse Bobigny und ziehe in ein Heim in Paris, an der Metrostation Crimée. Hier ist es anders, hier gibt es eine Psychologin und eine Sozialarbeiterin im Haus. Ich bin oft bei der Psychologin. Wir sprechen wieder über meine Vergangenheit, sie gibt mir Ratschläge. Ich mag sie sehr. Und dann hat Hélène eine gute Nachricht für mich – Hélène hat überhaupt oft gute Nachrichten, wenn ich es mir genau überlege. Weil sie sich immer solche Mühe gibt.

»Sie werden Lucie treffen, sie arbeitet bei der Jugendhilfe. Sie wird uns helfen.«

Und so ist es. Mit Lucies Hilfe unterzeichne ich einen Vertrag als »Heranwachsende« mit der Jugendhilfe, das heißt mit dem französischen Staat. Endlich werde ich lesen und schreiben lernen, eine Unterkunft haben und Taschengeld bekommen. Das kann man bis zum einundzwanzigsten Lebensjahr in Anspruch nehmen. Die Einrichtung, die sich um mich kümmert, heißt »Moissons Nouvelles«. Nun kann endlich ein anderes Leben beginnen. Ich muss nicht mehr in Obdachlosenheimen schlafen. Ja, es geht voran!

Ich denke, ich sehe nicht recht, als ich das blitzsaubere Haus in Ménilmontant betrete – eine große Gemeinschaftsküche, Duschen, Toiletten und: mein Zimmer. Ich habe ein eigenes Zimmer! Ich glaube, ich träume, als ich es mit Catherine, meiner Heimerzieherin, betrete. Ein ganzes Zimmer für mich allein! Ich habe sogar eine eigene Toilette. Nina empfängt mich. Sie sieht, dass ich ganz begeistert bin, und sagt: »Hast du wirklich so schlimme Sachen erlebt? Kaum zu glauben, wenn man dich so strahlen sieht!«

Nina zeigt mir, wie im Heim alles funktioniert.

28. KAPITEL

Catherine und die anderen Frauen haben für meine Papiere gekämpft. Schließlich bekomme ich eine befristete Duldung. Als ich sie in Händen halte, nimmt mich Catherine in den Arm. Kurze Zeit später bekomme ich eine richtige Duldung. Man kann sich gar nicht vorstellen, was ein Ausländer alles durchmachen muss, bis er Papiere bekommt. Selbst wenn er ein Recht dazu hat, hat er noch lange nicht gewonnen. Und solange er dieses magische Dokument nicht in der Tasche hat, kann er jederzeit abgeschoben werden. Wenn er es mit einem Beamten zu tun hat, weiß er nie, wie das Gespräch ausgeht und welche Wendung die Dinge nehmen können. Oft spricht er mit gesenktem Kopf, weil er unterwürfig ist oder Angst hat, man würde ihm nicht glauben. Deshalb hat Catherine vor Rührung fast geweint, als ich meine Duldung bekam. Sie meinte, ich würde so desinteressiert und kühl wirken, als würde ich mich gar nicht richtig freuen, aber ich habe ihr gesagt, dass man wie betäubt ist, wenn endlich etwas kommt, auf das man so lange gewartet hat. Hélène, Marie, Sara, Catherine, Lucie, Cécile und die anderen Frauen haben mich gerettet. Frankreich hat mich gerettet. Ich lasse meine vierzig Jahre Leiden hinter mir und finde wieder mein wahres Alter wieder, meine Jugend, die ich nie hatte.

Nun sind meine Tage sehr streng eingeteilt, ich muss mich nach dem Stundenplan richten, den man mir gegeben hat, denn ich habe einen Vertrag mit dem französischen Staat. Ich besuche eine Einrichtung namens »Émergence«, wo ich lesen und schreiben lerne, ein bisschen Computerwissen vermittelt bekomme und lerne, mit dem Internet umzugehen. Ich werde von einer Psychologin und einer Logopädin betreut und treffe mich regelmäßig mit meiner Heimerzieherin Catherine. Meine Tage sind ganz dem Lernen und Organisieren gewidmet, ich muss mir überlegen und erklären, was ich machen und wie ich es machen will. Ich muss ernsthafte Berufspläne schmieden, denn in einem Jahr läuft mein Vertrag aus, und ich bekomme keine Unterstützung mehr.

Ich muss mich bald für eine Ausbildung entscheiden, muss weiterhin lernen und meine Zeit gestalten. Das ist spannend, aber auch stressig. Ich würde gern Krankenschwester werden, aber da ich keine Französin bin, darf ich weder im öffentlichen Dienst arbeiten noch eine Schwesternschule besuchen, doch ich kann Kranken- und Altenpflegerin werden. Ich möchte diese Ausbildung machen und mein Möglichstes tun, um sie auch zu bestehen. Mir ist klar geworden, dass ich eine Arbeit verrichten will, bei der ich Menschen helfen kann, dass es ihnen besser geht und sie ihre Probleme lösen können. Ich will für andere da sein. Das ist die einzige Gewissheit, die ich habe, aber sie ist stark, und ich weiß, dass ich diesen Berufsweg einschlagen muss, denn ich will es aus ganzem Herzen.

Ich finde, jeder Tag ist wichtig, und wenn ich gewissenhaft alles mache, was man von mir verlangt, werde ich schnell unabhängig sein. Ich gewöhne mich an einen geregelten Tagesablauf, an die Termine, die ich nicht verpassen darf. Ich lerne, meine Zeit einzuteilen – was ich zuvor nie getan habe.

Vor allem sehe ich nach vorn. Ich habe begriffen, dass ich trotz der schrecklichen Dinge, die ich durchgemacht habe, das Leben nicht hinter mir, sondern vor mir habe. Was ich erlebt habe, liegt hinter mir, damit will ich sagen, dass ich gelitten, das Leid aber auch überwunden habe. Meine Gegenwart, das ist die Zukunft, ich versuche, das nie zu vergessen und mein Ziel nicht aus den Augen zu verlieren.

Dieses Buch soll zeigen, dass man sehr tief fallen kann, dass man arm sein und wiederholt geschlagen und vergewaltigt werden kann, doch man kann sich auch wieder aufrappeln und weiterkommen, wenn man die Kraft dazu findet. Man muss so weit gehen, bis man nicht mehr kann, und die Tragödien überwinden – das geht aber nur, wenn man stärker und robuster ist als das Leid. Wenn man an seine Grenzen stößt und sie überwindet, passiert genau das, was man sich nie vorgestellt hätte, dann erreicht man sein Ziel, und das Unglück vergeht. Vielleicht muss man dazu auch ein wenig Glück haben, doch sicher weiß ich, dass man nie die Hände in den Schoß legen darf. Nie. Sonst hat man nie eine Chance.

Ich bin eine junge Frau, die ihre Jugend noch einmal erlebt. Es erstaunt mich, dass ich wie eine Jugendliche sein kann. Bevor ich das begriffen habe, lasteten mindestens vierzig Jahre auf mir. Nun bin ich zwanzig.

Und zwei Jahre später wohne ich noch immer in meinem Zimmer in Ménilmontant. Meine Wände sind voller Fotos und Poster. Ich habe ein großes Plakat von Michal aus der *Star Academy.* In Les Lilas habe ich die Sendung jeden Abend gesehen. Und ich habe Fotos von meinen Bekannten. Zuvor hatte ich lediglich Passbilder, heute habe ich Urlaubsbilder und schöne Erinnerungen. Ich war am Meer, ich bin zum ersten Mal im Meer geschwommen – na ja, ich bin nicht wirklich geschwommen, ich bin bis zum Bauch ins Wasser gegangen, dann bekam ich einen Schwimmring.

Ich muss noch immer dafür kämpfen, meiner Mutter Geld zu schicken und eine Aufenthaltsgenehmigung zu bekommen.

Ich weiß, dass ich doppelt so viel dafür tun muss wie andere. Meine Duldung wurde um ein Jahr verlängert. Ich kann durch die Straßen gehen und mir sagen, dass ich ein Recht dazu habe.

Mit meiner Vergangenheit muss ich leben. Heute habe ich Freunde. Ich bin zufrieden, aber es fällt mir immer noch schwer, mit den anderen zu lachen, ich kann nicht so locker sein, weil die Vergangenheit noch immer auf mir lastet. Ich wollte um jeden Preis meine Kindheit wiederhaben, doch ich weiß jetzt, dass das ganz unmöglich ist. Die Dinge sind eben verschieden in unterschiedlichen Kulturen.

Ich gehe weiterhin zu der Psychologin. Sie will, dass ich erzähle und erzähle. Ich habe den Eindruck, meinen Mann zu verlassen, war von allem das Einfachste. Danach gab es immer etwas zu tun, immer musste ein Termin wahrgenommen werden. Doch ich musste nur warten, die Entscheidung lag bei anderen, ich wusste, was ich zu tun hatte, und ich tat es. Heute muss ich meine Wahl und meine Entscheidungen selber treffen, immer gibt es mehrere Möglichkeiten, doch ich schaffe es nicht, mich richtig zu entscheiden. Das musste ich früher nie.

Am schlimmsten sind die Wochenenden. Unter der Woche mache ich meine Ausbildung und bin sehr beschäftigt. Doch dann liegt das Wochenende vor mir, ich habe nichts zu tun, bin unausgefüllt. Ich habe Angst vor dem Nichtstun. Ich muss mich bewegen, muss etwas tun. Nur so kann ich mich entspannen. Wenn ich zu Hause bleibe, kommt die Vergangenheit zurück und mit ihr der Schmerz. Alles ist noch so frisch, so nah.

Als ich mit meinem Mann zusammen war, versuchte ich einfach zu überleben, als sei ich betäubt. Heute schmerzt mich die Vergangenheit mehr als damals, weil ich sie wirklich spüre. Ich werde mir über so vieles klar! Jeden Tag erwacht eine neue Erinnerung in mir – eine Lüge, die mir mein Mann aufgetischt hat, eine Enttäuschung, das Leid, das ich erlebt habe.

Die Kette, die mein Mann mir geschenkt hat, trage ich oft. Die Psychologin kann nicht verstehen, warum ich sie behalten habe. Doch ich weiß, dass diese Kette ein Teil von mir ist, sie ist meine Vergangenheit, sie erinnert mich an das, was richtig und was falsch ist. Mein Mann hätte sie mir nicht geben dürfen, wenn ich bei unserer Heirat keine Jungfrau gewesen wäre. Ich weiß nun, dass dieses »Geheimnis« eine Lüge war. Wie so vieles andere.

Heute weiß ich, was man damals in der Savanne mit mir gemacht hat. Das Leid, das ich darüber empfinde, ist stärker und geht tiefer als der körperliche Schmerz. Ich verurteile nicht meine Großmutter, sondern die Tradition, sich an Bräuche zu halten, die nirgendwo geschrieben stehen, weder in der Bibel noch im Koran.

Wenn mir danach ist, bete ich. Ich glaube noch immer an Gott. Doch ich bin frei, zu tun und zu lassen, was ich will. Gott hat gute Sachen erschaffen, keine schlechten. Ich habe es nicht übel erwischt, ich musste mein Schicksal überwinden, damit ich einige Leute retten kann.

Noch immer fällt es mir schwer, mit meiner Mutter zu sprechen. Ich habe ihr nie alles erzählt. Ich helfe ihr weiterhin, so gut ich kann. Neulich habe ich ihr gesagt, dass ich gerade meine Geschichte schreibe, um mich von meiner Vergangenheit zu befreien. Sie hat geantwortet, dass man alles tun sollte, damit es einem gut geht im Leben. Sie unterstützt mich. Sie hat gesagt, ich könne sie um alles bitten. Das hat sie noch nie zu mir gesagt. Noch gar nie. Ich habe das Gefühl, dass ich den Kampf, frei – und eines Tages vielleicht auch glücklich – zu sein, auch für sie führe. Und für die anderen. Ich habe festgestellt, dass nicht nur ich Schlimmes durchgemacht habe. Man muss eben auf seine innere Stimme hören, jeder Mensch hat eine große Kraft in sich. Man muss sie finden, aus ihr schöpfen, ihr Ausdruck verleihen. Das Leben kann hart sein, das Leben kann ungerecht sein, aber wir sind stärker. Man muss auf sich vertrauen.

NACHWORT

Wenn man in meiner Heimat an Europa denkt, dann träumt man von einem Paradies, wo im Grunde nichts schwierig oder unmöglich ist. Man kann sich nicht vorstellen, was es tagtäglich für ein Albtraum ist, ein Ausländer ohne Papiere zu sein, und wie sehr man von dieser modernen, aber auch brutalen Gesellschaft ausgeschlossen sein kann. Meine Familie wollte nicht wahrhaben, welche Dramen ich durchmachen musste, denn in ihren Augen hatte ich Glück, dass ich in Holland oder Frankreich lebte. Meine Eltern, meine Geschwister und alle anderen Verwandten hatten so ein idealisiertes Bild von meinen Lebensbedingungen, dass sie mich nicht verstehen und unterstützen konnten. Noch heute fehlt ihnen dieses Verständnis, und das schmerzt mich ungemein, denn ich habe ständig Sehnsucht nach meiner Familie. Ich betrachte mich vor allem als Afrikanerin, und ich bin stolz darauf, es zu sein. Indem ich in Frankreich lebe, verleugne ich meine Kultur nicht, ich muss nur lernen, meinen Alltag und meine Herkunft zu vereinen. Wenn ich zu Hause anrufe, sorge ich mich immer um meine Verwandten und darum, wie es jedem Einzelnen geht.

Vor kurzem habe ich erfahren, dass mein Vater mit sechzig Jahren wieder in die Politik gegangen ist. Er hofft, dass er bei den Kommunalwahlen wieder sein Amt als Stadtteilvertreter besetzen kann. Das macht er ganz sicher nur, um seine Familie zu ernähren. Er hat sich für die PUP[2] aufstellen lassen, die Partei, die ihn 1999 entlassen und uns ins Elend gestürzt hat. Die Regierung unternimmt nichts gegen die Armut in meinem Land. Die Straßen sind immer noch in einem verheerenden Zustand, die Wohnungen baufällig und unzureichend, die Menschen hungern noch immer.

Tante Mariams Leben ist ein einziges Unglück. Sie hatte sechs Kinder, alle drei Töchter sind tot, nur zwei Jungen leben noch. Sie wurde von ihrem Mann geschlagen und am Ende verstoßen. Meine Mutter versucht mit ihren kargen Mitteln, ihr zu helfen.

Meine Mutter wiederum stellt sich immer noch vor, dass ich in der Lage sein müsste, aus der Ferne meine ganze Familie zu unterhalten. Sie meint, schon allein die Tatsache, dass ich in Paris lebe, mache mich reich. Nach und nach lerne ich, Nein zu sagen und keine Schuldgefühle zu haben. Doch wenn ich an Afrika denke, denke ich vor allem an meine Mutter, sie fehlt mir so sehr.

Der Onkel meines Mannes hat keine Papiere bekommen, weder in Holland noch in Frankreich. Er lebt illegal in Paris. Ab und zu telefonieren wir. Er verurteilt mich nicht, weil ich seinen Neffen verlassen habe.

Hin und wieder besuche ich meinen Onkel oder wir telefonieren. Ich habe begriffen, dass ich nicht auf ihn zählen kann. Er hat seine Familie, und ich habe mein Leben. Ich will ihm um jeden Preis beweisen, dass ich stark und mutig bin, und ich glaube, er hat Respekt vor dem, was ich erreicht habe. Er freut sich sehr, dass ich dieses Buch schreiben kann, und ich bin ihm dankbar, dass er mich in diesem für mich so wichtigen Projekt unterstützt.

---

2 Parti de l'Unité et du Progrès; Regierungspartei [Anm. d. Übers.]

Von meinem Exmann habe ich nie wieder etwas gehört. Ich weiß nur, dass er seine Familie zu meinen Eltern geschickt hat, um mich zu verstoßen, wie es die Tradition will. Einige sagen, er sei in Amerika. Ich weiß nicht, ob es stimmt, ich will es auch gar nicht wissen.

Ich hätte nie gedacht, dass ich so viel erreichen kann. Doch ich kenne nun auch den Preis, den ich dafür bezahlt habe, meine Pläne umzusetzen und zu bekommen, was ich wollte. Meine Beharrlichkeit hat mir wohl Glück gebracht; ohne sie wäre ich niemals weitergekommen. Heute weiß ich, dass ich anderen Menschen helfen und es zu meinem Beruf machen will, Tag für Tag jenen meine Hand zu reichen, die sie brauchen. Als Kranken- und Altenpflegerin will ich alles zurückgeben, was man mir geschenkt hat, und ich betrachte diesen Beruf als einen Hinweis darauf, dass ich stärker geworden bin.

Dieses Buch zeigt, dass unser Gespür und unsere Bemühungen unsere besten Verbündeten sind, wenn wir etwas aus unserem Leben machen wollen. Ich wollte dieses Buch schreiben, ich habe davon geträumt, ich habe es aufgesagt, bevor es noch existiert hat, und hier ist es nun.

DANK

Danken möchte ich an erster Stelle Marie-Thérèse Buisson und Lucie Champenois von der Jugendhilfe; Catherine Le Port und Elisabeth Fardeau vom Verein »Moissons Nouvelles«; Nina Rouselle vom Heim für junge Berufstätige; Sara und Fazia vom Verein »Voix d'Elles Rebelles«. Ich danke meiner Psychologin Cécile Brun, meiner Sozialarbeiterin Hélène Cognat und Marie Le Grontec von der Beratungsstelle »Kiosque« in Les Lilas. Ohne diese Frauen, die mir zugehört und mich mit ihrem Herzen und den ihnen zur Verfügung stehenden Mitteln aus einem Albtraum geholt haben, weiß ich nicht, wo ich heute wäre, und dieses Buch wäre nie geschrieben worden.

Ich grüße und danke auch Grita, die sich um mich und andere junge Afrikanerinnen in Paris kümmert, ich danke meinen Freunden Jean-Sylvain Tiffou, Gaël Mazurier und Édith Massamba. Auch sie helfen mir jeden Tag dabei, wieder lachen zu lernen.

Ich wollte mit diesem Buch für die Frauen sprechen, die unter ihren Männern leiden, und wollte ihnen Mut machen, sich nicht damit abzufinden. Marie Le Grontec hat mich mit Sylvia Tabet bekannt gemacht; sie hat mich dazu angeregt, mich von meinem Leid zu befreien, indem ich es von Anfang bis Ende mit meinen eigenen Worten erzähle. Sie hat mir geholfen, meine Geschichte aufzuschreiben und sie zu veröffentlichen. Dafür danke ich ihr sehr.

Katrin Hodapp war gleich begeistert, als wir ihr dieses Projekt vorgestellt haben. Ich danke ihr und dem Team von Susanna Lea von ganzem Herzen, besonders erwähnen möchte ich Claudine Guérin für ihre wertvolle Arbeit der Niederschrift.

Und schließlich geht ein herzlicher Dank an Anne Carrière, die sich entschlossen hat, meinen Bericht in Frankreich zu veröffentlichen.

Liebe und Demut – ein Frauenschicksal in Afrika

Rosaline Massado
DIE VIERTE FRAU
Ein Leben in Polygamie
Erfahrungen
256 Seiten
ISBN 978-3-404-61616-9

Rosaline ist 17, als ihr Vater einen Mann für sie auswählt. Die Ehe ist unglücklich: ihre beiden Söhne sterben früh, eine Fehlgeburt besiegelt ihr Schicksal als »unbrauchbare« Ehefrau. Rosaline verlässt ihren Mann und wagt eine weitere Ehe, als vierte Frau eines Heilers. Bei ihm findet sie Liebe, doch die Konkurrenz zwischen den Ehefrauen ist gnadenlos …

Bastei Lübbe Taschenbuch